管理思政案例集

曲 亮 沈绍伟 等 著

浙江工商大学出版社
ZHEJIANG GONGSHANG UNIVERSITY PRESS

· 杭州 ·

图书在版编目(CIP)数据

管理思政案例集 / 曲亮等著. —杭州：浙江工商
大学出版社，2022.6
ISBN 978-7-5178-4764-9

Ⅰ．①管… Ⅱ．①曲… Ⅲ．①企业管理－案例－高等
学校－教材 Ⅳ．①F279.23

中国版本图书馆 CIP 数据核字(2021)第 254084 号

管理思政案例集
GUANLI SIZHENG ANLI JI

曲　亮　沈绍伟　等 著

责任编辑	谭娟娟	
责任校对	何小玲	
封面设计	云水文化	
责任印制	包建辉	
出版发行	浙江工商大学出版社	
	(杭州市教工路 198 号　邮政编码 310012)	
	(E-mail：zjgsupress@163.com)	
	(网址：http://www.zjgsupress.com)	
	电话：0571－88904980,88831806(传真)	
排　　版	杭州朝曦图文设计有限公司	
印　　刷	杭州宏雅印刷有限公司	
开　　本	710mm×1000mm　1/16	
印　　张	14	
字　　数	181 千	
版 印 次	2022 年 6 月第 1 版　2022 年 6 月第 1 次印刷	
书　　号	ISBN 978-7-5178-4764-9	
定　　价	49.00 元	

本著作是以下项目资助成果：

◎浙江省教育厅大学生思想政治教育专项课题"后疫情时代大学生思想政治教育的新路径研究"（编号：Y202147986）

◎教研部人文社会科学研究专项任务项目"高校辅导员心理资本与职业认同的关系研究——以组织支持感为调节变量"（编号：20JDSZ3187）

以管理智慧阐大学之道　让课程思政春风化雨

习近平总书记在全国思政工作会议上强调,我国有独特的历史、独特的文化、独特的国情,决定了我国必须走自己的高等教育发展道路,但高校立身之本在于立德树人。"大学之道,在明明德,在亲民,在止于至善。"千百年来,立德树人始终是教育所承载的关键使命之一,中国国学教育贯穿的核心脉络就是对人德行的修养,而中国共产党人在长期实践中总结的管理智慧也是中国文化的重要组成部分。传承历史并将其发扬光大,立德树人引领社会发展,就是新时代高校必须正视的社会使命。作为高教人,我们肩负着培养德智体美劳全面发展的社会主义事业建设者和接班人的重大任务,必须坚持正确政治方向。社会主义核心价值观就是要融入我们血液中的时代基因。作为工商管理学院管理思政计划的成果之一,本书既是我校思政课程建设的优秀成果,也是我校在工商管理学科国家一流专业建业思政教育上的大胆探索,较为系统地展现了我校研究、教育、宣传、实践"四位一体"的新时代思政教育新模式。

● **时机得当:迎天时、占地利与现人和**

《管理思政案例集》一书的写作恰逢党的十九届六中全会审议通过《中共中央关于党的百年奋斗重大成就和历史经验的决议》,总结了党的百年奋斗重大成就和历史经验,是在建党百年历史条件下开启全面建设社会主义现代化国家新征程、在新时代坚持和发展中国特色社会主义的需要;是增强政治意识、大局意识、核心意识、看齐意识,坚定道路自信、理论自信、制度自信、文化自信,做到坚决维护习近平同志党中央的核心、全党的核心地位,坚决维护党中央权威和集中统一领导,确保全党步调一致向前进的需要;是推进党的自我革命、提高全党斗争本领和应对风险挑战能力、永葆党的生机活力、团结带领全国各族人民为实现中华民族伟大复兴的中国梦而继续奋斗的需要,更是为管理思政注入了最具生命力的内容。与此同时,《中国教育现代化2035》发布,作为我国第一个以教育现代化为主题的中长期战略规划,是新时代推进教育现代化、建设教育强国的纲领性文件,定位于全局性、战略性、指导性,是教育领域贯彻习近平新时代中国特色社会主义思想的行动指南。《中国教育现代化2035》将习近平总书记在全国教育大会上的讲话精神以更为系统化和体系化的方式加以落实,其中重中之重就是学习和贯彻习近平新时代中国特色社会主义思想,全面落实立德树人根本任务,广泛开展理想信念教育,厚植爱国主义情怀,加强品德修养,培养德智体美劳全面发展的社会主义建设者和接班人。本书正是我校思政教育贯彻该战略规划的现实举措之一,是立足文化和制度自信,深入挖掘国学传统文化与中国教育现代化发展的契合点、体现时代主旋律的大胆尝试与创新。全国上下推进和落实教育现代化发展战略的热潮,无疑为本书出版营造了良好的氛围,真可谓"书逢盛世"。

2022年不仅仅是新时代中国教育现代化高速发展的新纪年,也是浙江工商大学吹响冲锋号、做好冲击国家"双一流"项目,迎接教育部第五轮学科评估和全面推进课程思政计划等系列攻坚战的关键一年。在第四轮学科评估中,我校确立了统计学和工商管理等学科的国内领先地位,并已逐步构筑起涵盖九大学科门类、六个一级学科博士点的较为完备的学科体系,跻身浙江省重点建设大学行列,正在向跻身国家"双一流"而不懈努力。本书的出版对于落实和推进《创建一流学科行动计划》《一流本科教育建设行动计划》,紧紧围绕"立德树人"这条主线,全面提升人才培养能力,形成更高水平的人才培养体系,实现内涵式发展,具有积极的作用,也是浙江工商大学近年来这一系列努力和成就的反映。

选择浙江工商大学出版社出版本书,也充分体现了"地利"与"人和"。浙江是中国革命红船的起航地,是中国改革开放的先行地,也是习近平新时代中国特色社会主义思想的重要萌发地,不仅拥有浙东学派、永嘉学派等深厚的人文底蕴,更具有时代发展的前瞻性和先进性。作为浙江工商大学优秀学子,撰写团队愿意将自己的成果打上母校的烙印,为母校的思政课程建设做出自己的贡献,这无疑是浙江工商大学情怀的体现,是浙江工商大学魅力的体现,也是浙江工商大学学子风采的体现。

有价值的事情往往在无意间会汇聚最有利的条件,本书的出版便赶上了天时、占据了地利、体现了人和。

● 内容创新:高校思政教育"内容＋形式"建设新思路

在新的时代背景下,思政教学不能再"墨守成规""照本宣科",要进学生头脑,就必须要以学生为中心。近年来,浙江工商大学积极探索"大思政"教育格局,明确各门课程都有育人功能,所有教师都承担育人职责,要求教师在课堂教学中,必须充分契合专业,以"隐形嵌入"方式将思想引导融入教学。不仅如此,浙江工商大学还把思政教育渗透到学校教育教学的各个环节,让多背景、多学科教师共同参与。比如,鼓励有海外求学经历的教师,结合自身经历,通过中西方制度文化对比,引导学生准确把握中国特色;比如,东方语言与哲学学院教师结合讲授中外文化交流,引导学生正确认识时代责任和历史使命;又比如,工商管理学院的教师则将管理学理论与党史相结合,编写"红色教案",讲授中国道路、中国精神、中国梦;而人文与传播学院教师指导学生精读哲学原著,加深学生对马克思主义中国化的认识。

《管理思政案例集》一书是为工商管理学院思政课程建设而精心设计的,为学院的思政教育提供了新思路。商科学生具有与一般大学本科生和研究生不同的特点,例如他们往往思想较为活跃,接受过各种思政课程教育,受各类文化的冲击和影响……如果思政课再局限于"一间教室""45 分钟讲授""枯燥乏味、板起面孔说教",一定难以满足教育的需求。特别立足国际商科认证标准下的办学过程中,思政课程的推进要能够与国外成熟的知识体系有机融合,就需要选择合适的切入点。而本书将中国管理智慧与商科案例教学有机结合,用中国管理智慧的精要诠释社会主义核心价值观的内涵与外延,篇幅精干、内容翔实而富有亲和力,注重人素质的提升和培养。作为新时代思政、管理学和文化传播的青年学者,本书的作者团队涵盖了工商管理学院的教授、学工团队及本硕学生,通过采用案例教学春风化雨、润物无声的方式,让思政教育融入青年人的精神血脉中,鼓舞他们伴随新时代的号角,树立起与这个时代主题同心同向同行的理想信念。

事实上,这种思政课程模式在我校已蔚然成风。在常规思政课之外,思想政治教育被赋予新的含义和形式,"线下课堂""时事评论教学法"等形式的教学手段,增强了思政教育的时代感、说服力和感染力。本书的出版是对工商管理学院新文科思政课程经验的重要总结归纳,也是对工商管理学科一流专业思政体系建设所做的大胆尝试,对于进一步丰富和完善浙江工商大学的思政课程体系做出了积极的努力。

● 有益尝试:研究、教育、宣传、实践"四位一体"的新模式

正如专家所言,我们处在一个奔跑起来也只能站在原地的时代。思政教育要推进和发展,光靠一门课程、一个老师是不够的,而是建立一个更具持久性和生命力的运行模式。这种模式要解决四个问题:教育内容、教育过程、广而告之、知行合一。前两个方面容易理解,前面已经谈到思政教育的内容必须与时俱进,没有强大的学科支撑和研究平台,思政教育就是"无源之水、无本之木",不具有深度和持续性。思政教育从内容和形式都要围绕学生诉求展开,如前所述,浙江工商大学在这两方面都做了很多大胆的尝试,取得了可喜的效果。

　　"广而告之"强调的是思政教育内容和教育绩效的传播机制。《中国教育现代化 2035》提出的首要战略任务就是"加强习近平新时代中国特色社会主义思想系统化、学理化、学科化研究阐释,健全习近平新时代中国特色社会主义思想研究成果传播机制",这里就指出了传播机制和宣传系统的重要价值。思政教育的内容和形式都要符合新媒体时代和互联网技术下的宣传规律,要让思政教育"一次投入、持续产出",达到"广而告之"的社会影响力。思政教育的目的是贯彻"立德树人"的教育本质,培养德智体美劳全面发展的社会主义建设者和接班人,因此必须要有"知行合一"的实践途径和实践方法。在这两方面,本书也都做了有益的尝试,读者自可观之,希望有所裨益。

　　研究、教育、宣传、实践"四位一体"的思政教育模式才是一个完整的系统。2021 年工商管理学院与中国人民大学商学院共同成立了管理思政共创中心,成为国内工商管理学科围绕管理思政的研究中心。该中心的成立是深入学习贯彻党的十九大精神,落实习近平新时代中国特色社会主义思想的重要行动,也是工商管理学院发挥学科优势、加强与中国人民大学商学院深度合作,打造全国工商管理类课程思政教学与研究高地的具体行动。在该中心指导下,工商管理学院联合浙江工商大学出版社,重点开展工商管理学院课程思政教育研究。本书的出版,就是首批研究成果,并作为课程的核心内容在工商管理学科"管理学原理"课程中实施,贯穿"研究—教育"环节,打通研究成果运用的"最后一公里"。

　　管理思政计划还包括百集的管理思政视频,将通过全媒体的途径加以传播,形成社会影响力。与此同时,浙江工商大学也与浙江物产集团有限公司、绿城物业服务集团有限公司、浙江正凯集团有限公司等省内知名企业建立"学生实训实践、党群共建基地",加强校企合作,构筑省属高校与省属企业之间产学互动的双向人才培养平台,塑造"梧桐工程",助推浙江省的"凤凰行动",实现"知行合一"。另外,在本书的完成过程中,郭秋彤、郭雅静、代存娜、任晓莉、马士强、方玉萍等六位硕士研究生承担了重要的写作任务,每个人的撰写任务都超过一万字,在此表示感谢。

大道之行,始于足下。本书的出版是新时代我国高校思政教育探索道路上浙江工商大学智慧的体现,但此行任重道远,我们始终在路上。是为序。

辛丑初冬于浙江工商大学墨湖畔

曲 亮

目录

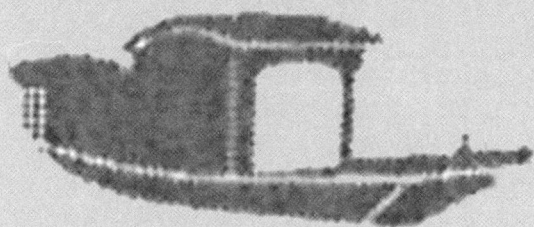

第 一 部 分

领导篇

运筹帷幄,指挥若定

——县委书记焦裕禄:敢叫日月换新天

一、案例描述

(一)引 言

1962 年,焦裕禄同志接受组织任命心事重重地来到了兰考,面对沿街乞讨的农民及一批想要脱离兰考的不作为的干部,他陷入了沉思……如何整治兰考,打败风沙、盐碱、内涝,带领兰考人民脱贫,建设社会主义新兰考成了他毕生的精力所在。

(二)临危受命任职兰考

1962 年 12 月,焦裕禄出任兰考县委书记。当时的兰考正处于十分严重的饥荒中,在"三年经济困难"和灾荒的双重折磨下,全县水利工程几乎没法使用,粮食产量降到历史最低水平。农村经济十分落后,人民生活水平不断倒退。吃不饱、穿不暖是兰考人民的真实写照,许多人外出讨饭谋生,留下的只能靠挖树根、啃树皮、吃野菜生存。

当时的兰考县委,干部们面临这种困境:县内的抢着调到县外去;想要选派的县外干部们,也总是会有各种各样的借口推托。大家都觉得"灾区栽干部、容易犯错误"。面对这种状况,开封地委决定选派干部出任兰考县委书记,领导兰考县抗灾,从而改善当地的灾荒状况。在遭遇几名同志的搪塞后,就在这时,地委书记张申脑海中闪过了焦裕禄,因为以前和焦裕禄搭过班子,了解焦裕禄的为人和工作能力。在 1962 年的最后一个月,张申与焦裕禄进行了谈话,传达了组织的任命,并和他说明了兰考是块"难啃的硬骨头",让他心里有所准备。焦裕禄立即答应下来,斩钉截铁地回答地委书记。在兰考最困难、灾荒最严重的情况下,焦裕禄同志接受党组织的任命,出任兰考县委书记。

大多数农民争先恐后逃离兰考,干部们也认为兰考没有希望,如何充分发挥群众的主观能动性成为焦裕禄面临的一大难题。出任县委书记后,焦裕禄做的第一件事就是把"县委办"这个名字更改为"抗灾办"。他说:"'干部不领,水牛掉井',对于目前的兰考来说,想要脱离这个困境,最先要改变的就是我们县委的整个精神面貌。"

在严冬的一个傍晚,伴随着风雨,焦裕禄带领干部们召开了一场特殊的县委常委会。在会议开始没多久,他和干部们一起来到了兰考的火车站,一路穿行过去,候车室内全是想要外逃的人,室外冰天雪地里也全是。焦裕禄看着这一切,沉重地和大家说:"同志们,大家看看,这些都是我们的父老乡亲,但是灾荒让他们被迫逃离家乡,这不能怪他们,我们应该感到羞愧。组织将兰考几十万的群众交给我们,我们却让他们连生存都难以维持,实在是对不起他们啊!"[1]这些场景和这一番话叫醒了干部们。之后,焦裕禄又特地召开了回顾兰考革命史的常委会。就这样,兰考县内十分快速地展开了"如何打败灾荒,改变兰考面貌"的对话。县委的干部们也都齐心协力、斗志昂扬,不再每天垂头丧气,而是走进农村,驻队蹲点。

(三)整治"三害"

1. 先顾吃饭,后顾好看

焦裕禄考察后发现,自然灾害和人民生存是目前兰考县最主要的一对矛盾。在这个矛盾里,天灾是主要方面,"三害"(风沙、盐碱、内涝)要是不除,兰考的人民就没有粮食,难以生存。

在实地调研和查阅参考资料后,焦裕禄带领兰考人民大面积栽种泡桐树。胡集大队的干部们却在怎么栽种上无法达成一致的意见。大队支书觉得,胡集既然作为兰考县发展林业的主体,造林就应该搞出点样子来。在栽种时,遵循行列规划,做到美观统一,对于那些零星的苗子,都要重新移栽到队列中。但林业主任则觉得"人挪活,树挪死",在当前的情况下,应该从产量上出发,不要在乎表面上的美观。两人互不退让,各抒己见。焦裕禄骑自行车到大队里考察时,正好碰上两人在争吵。焦裕禄笑着对他们俩说:"你俩讲的都对,都没错,可是我们做啥事,一定要想明白,目前的重点是什么。眼下这种情况,是要救灾,赶紧把树给种下去,要'先顾吃饭,后顾好看'。"这8个字明确地点出了在栽种泡桐树这件事中什么是主、什么是次。

2.吃别人嚼过的馍没味道

焦裕禄在领导群众对抗"三害"时指出,要想彻底打败"三害",就肯定得知道"三害"是个啥,要亲自探一探它的虚实,无论是做什么事情,你肯定得先摸清楚情况,实地去调查研究,毕竟"没有调查就没有发言权"。干部们要去实地考察,掌握一手资料,才能下达准确的命令。在兰考任职期间,焦裕禄每天骑着自行车,满乡地去看,不停地在县里的各个大队流转,先后考察了120个大队(全县149个),共奔波跋涉5000多里,摸清了全县的84个风口、1600个沙丘,重新测量了风口、沙丘、河渠,并且对它们逐一进行编号和绘制,从而搞明白了"三害"的分布情况和发展规律,掌握了"三害"的基本情况,为制订改造计划打下了良好的基础,随后领导干部们起草了一系列整治"三害"的方法[2]。

与此同时,县委前前后后选拔了120多名干部、技术员和农民,聚成了"三害"调研队,对兰考的洪水、风口及流水进行了调研。在这一时期,焦裕禄的肝病因为耽误了治疗而愈发严重,同志们都劝他在家里听报告,但是焦裕禄十分坚持地说:"吃别人嚼过的馍没味道。"就这样,在肝病的折磨下,焦裕禄仍然和大家一起翻地、封沙丘、种泡桐、挖河渠,绝不掉队。

在对抗"三害"的方案出来后,如何去落实,也是一项十分重要的任务。为了更好地实施方案,焦裕禄指挥若定,最广泛地调动所有积极因素,发挥群众力量。第一,建立相关组织及除"三害"领导小组,帮助队伍治理"三害"。第二,在下达任务后,加强对各项工作的监督,并到县里各大队考察。第三,要发挥人民群众的力量。为了充分发挥群众的主观能动性,他采用"以工代赈"的方法,将国家的救济款挤出一小部分,作为农民参与治理的补贴,让群众切实地得到激励。这个方法不仅鼓励了留在兰考的百姓们,激发了他们的斗志,甚至把在外要饭的百姓也"叫"回来了,成为之后大家口中的"叫人政策"。

3. 榜样的力量是无穷的

1950年,焦裕禄在担任尉县大营区区长时,骑车经过一个村庄,看见一个小姑娘栽种动作流利,甚至比一些小伙子还要棒,他立马想到这是可鼓励妇女参加劳动的模范。次日,他和村里的干部们在那个小姑娘王小妹干活的田里举行了一场实地会议,并且编辑了一篇通讯报道。之后,王小妹的事例就从村里传到了整个县,成了青年女同志们的榜样。不仅如此,在兰考的抗灾过程中,焦裕禄以王小妹为起点,指出了韩村、秦寨、坝子、双杨树、赵垛楼等5个特例,并将它们作为典型,总结出韩村的精神、秦寨的决心、坝子的风格、双杨树的道路、赵垛楼的干劲。[2]焦裕禄指出:"韩村等这5个典型走过的路就是接下来兰考的新道路。其他乡村以它们为榜样,县里就会涌现出更多的硬骨头生产队,从而迎来治理'三害'的高潮,我们陷入绝境的旧兰考,一定会变为社会主义新兰考。"

（四）永留兰考

令人感到十分悲痛的是，就在兰考慢慢走上康庄大道时，焦裕禄却因为严重的肝病，不能再继续身体力行地带领兰考人民走下去。"非常感谢组织对我的信任和关心，但是我没有完成组织赋予我的工作，没能实现兰考人民的愿望，我对不起党，对不起兰考人民！""我死后不要为我多花钱，省下来支援灾区，我活着没能治好兰考的沙丘，死后请组织把我送回兰考，埋在黄河古道沙丘上，看着兰考人民把沙丘治好。"[1]焦裕禄同志永远受到兰考人民的敬爱和追思，永远存在于那一片片茂密的泡桐树林中。

二、案例拓展

（一）教学目的与用途

本案例主要适用于本科生、MBA等的"管理学"课程中有关领导力章节时讨论使用，也适用于针对其他层次学生的领导管理教学。

本案例主要描述了焦裕禄作为兰考县委书记领导兰考人民对抗"三害"的经历，对焦裕禄在兰考任职期间的领导行为进行了细致的描述，教学目的聚焦于使学生正确、深刻地理解领导者的个人魅力在领导过程中的强大力量，引导学生理解红色精神背后所蕴藏的强大领导力。

（二）启发思考题

1. 在该案例中，焦裕禄主要采取了哪些行动治理"三害"？
2. 在该案例中，具体展现了焦裕禄的哪些个人领导魅力？

3.通过阅读该案例,结合该案例和所学知识,谈谈对"焦裕禄精神"的认识。

(三)分析思路

本案例主要讲述了焦裕禄同志作为兰考县委书记带领兰考人民治灾脱贫的事迹,对焦裕禄的领导力进行了描述。为了更好地解读案例背后所蕴藏的管理学理论,学生应首先对理论有很好的把握,才能更好地挖掘焦裕禄精神中的领导力。

任课老师可以结合课堂情况,根据自己的教学目标灵活运用本案例。本案例的分析思路如图1所示,仅供参考。

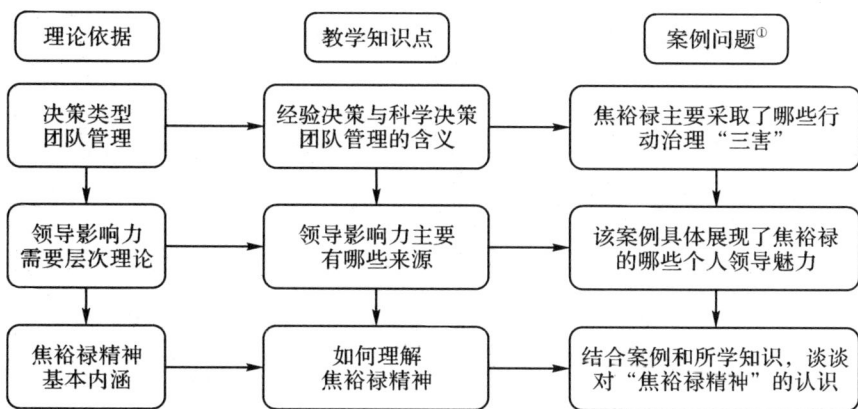

图1　案例分析思路图

---

① 图中案例问题是启发性的,不是严格问答题,不与启发思考题完全相同,供教师参考。以下同。

（四）理论依据及分析

1. 在该案例中,焦裕禄主要采取了哪些行动治理"三害"?（案例第一部分内容:整治"三害"）

【理论依据】

(1)决策类型[3]。根据方式方法的不同,决策可以分为经验决策与科学决策。经验决策是一种依靠重复性,凭借决策者自身的生活和工作阅历、知识背景和经验进行的一种决策,这种决策适用范围比较小,有很大的局限性,对于遇见的新问题无从下手,基本上是定性的决策。这是管理者常用的决策类型,也是最传统、最常见的决策类型。经验决策产生时期较长,是历史的产物,并且会随着时代的发展和人类文明的进步而不断地丰富完善,对于现代科学决策来说,经验决策具有不可替代的重要意义。

随着社会发展的复杂化,经验决策的弊端日益明显,已不足以应对复杂多变的社会生活。同时现代科学技术的发展也为科学决策提供了可能性。科学决策是一种新兴的先进决策方法,是运用近现代发展的多门学科理论及各种技术方法发展起来的,它通过一些科学理论及科学的决策技术和思维方法,针对提出来的多种备选方案进行选择,即选取最满意解,从而实现优化目标。经验决策和科学决策各有所长,应该把两者有机结合,实现决策的科学化。

(2)团队管理。团队管理是指在一个组织中,根据成员不同的工作性质、能力组成不同的小组,参与组织各项决定和解决问题等事务,从而提高组织生产力和达成组织目标。团队管理运用成员的专长,鼓励成员积极参与并且相互合作,致力于组织发展,这既是一种合作式管理,也是一种参与式管理。

【案例分析】

(1)深入调查,了解"三害"。自从来到兰考后,焦裕禄没有荒废过一天,在兰考将近500天里,每天骑着自行车,满乡地去看,不停地在县里的各个大队流转,顶着大风大沙天奔波跋涉,重新测量兰考的各个风口、沙丘、河渠,并且对它们进行编号和绘制,从而搞明白了"三害"的分布情况和发展规律,为制订改造计划打下了良好的基础,接着领导干部们起草了一系列整治"三害"的方法。

(2)科学决策和科学实施。决策前:带领干部实地考察、调研,摸清现状,收集最真实、最充分的一手材料,"摸着石头过河",在提出理论前充分调研。决策时:运筹帷幄、注重长远利益,注重彻底治理"三害"。焦裕禄通过实地考察得出,目前阻碍兰考发展的重点是风沙、盐碱和水涝,围绕这个重点,下达治理命令,确定治理方案。决策后:协调各方,明确责任,狠抓落实求实效。在队伍建立后,焦裕禄并没有每天待在办公室内,等着听报告,而是亲自到各个大队调研考察,注重工作落实;同时,组织群众,利用各种办法激发群众的斗志,确保大家一致对抗"三害"。

(3)组织队伍。在县里各乡和县委里,前前后后选拔了120多名干部、技术员和农民,聚成了"三害"调研队,让他们对兰考的洪水、风口及流水进行了实地调研,即利用群众的力量,组班子对抗"三害"。

2.在该案例中,具体展现了焦裕禄的哪些个人领导魅力?

【理论依据】

(1)领导影响力的来源[3]。职位权力和个人威信是领导影响力的两个基本来源。职位权力是随着工作职位自然产生的正常权力,是管理者在组织中进行领导行为的基本权力,有了这种权力,管理者就可以有效影响所属的下级,实现真正的领导。个人威信是指由管理者的个人因素所产生的影响力,如他的知识、能力、作风及品德等,通过威信所产生的影响力往往与特定的个人相联系,和他所处的职位没有必然的联系,更多的是来自下属的信服,从一定程度上说,它有时发挥的作用比职位权力还要大。

①管理者的职位权力。它主要包括合法性权力、奖励性权力、强制性权力。

合法性权力是由组织根据特定的职位所赋予的,是组织层面所赋予的权力,即管理者有权安排下级工作,不服从安排的下级有一定的可能会受到惩处,更严重的可能会被开除。这样的后果就是源于组织向管理者授予的合法性权力。只要是上级管理者,都有对下级的合法性权力。在本案例中,焦裕禄接受党组织的安排,担任兰考县委书记,就拥有组织赋予他的合法性权力。

奖励性权力,即拥有对奖励进行发放和取消的权力。管理者可以处理的奖励有增加劳动报酬、推荐升职、表扬认可及进行比较灵活的工作安排等。一般说来,管理者拥有的奖励数额越大、涉及的各方面越重要,那么他的奖励性权力就越大。焦裕禄在治理"三害"过程中采取"以工代赈"的方法,将国家的救济款挤出一小部分,作为农民参与治理的补贴,让群众切实得到奖励,极大地调动了百姓抗灾积极性。

强制性权力是在各种权力中比较广泛使用的权力,具体表现为上级命令下级做某件事,下级迫于制度压力,即使不情愿也必须去做。"可信性"对于强制性权力来说是非常重要的一部分。强制性的权力一旦实施,就必须让下属感到压力,是现实中确切存在的。焦裕禄作为兰考县委书记,有权要求下级干部们严格执行抗灾的方法、措施。

②个人威信。它包括专家性权力和参照性权力两类。

专家性权力是以信息与专长为基础的权力。真正优秀的管理者会带领下属成功完成各项任务,使他人自觉地、由衷地敬佩他,主动让管理者影响自己。知道如何同一位偏执而重要的顾客打交道的经理,能够做出别的公司想象不到的重大突破的研发人员,这些都是拥有专家性权力的人员。信息越重要,掌握的人越少,专家性权力就越大。对于县委的干部们,焦裕禄采用情景管理的方法,经过一次在火车站不寻常的县委会,使得整个县委的干部们统一了思想,并且由衷地跟从焦裕禄。对于广大群众,焦裕禄以身作则、以工代赈,经常与群众联系,得到了广大群众的支持。

参照性权力建立在身份、忠诚、模仿或魅力上,一个拥有优良的领导作风、思想水平、品德修养、资历和与群体成员关系良好的管理者往往会得到下属的认同,从而对下属产生较大的影响力。下属会对那些拥有优秀品格的上级产生敬爱感,而且往往会促使他去模仿管理者。与此相反,如果一个人的品格有问题,那么他的影响力一定会受到影响,甚至于不存在。焦裕禄同志在兰考任职县委书记期间,亲民爱民、艰苦奋斗、科学求实、迎难而上、无私奉献,不顾肝病,带领兰考人民抗灾脱贫,赢得了兰考人民的心。

(2)马斯洛的需求层次理论[4]。需求层次理论产生于 1943 年,由美国心理学家马斯洛提出。其基本内涵如下。

①每个人都有 5 种需求,即生理需求、安全需求、社交需求、尊重需求和自我实现需求。

第一,生理需求(physiological needs)是指人们维持生存的基本需求,包括对食物、住所、水、性的需要及其他方面的生理需求。通俗地说,是指满足人为了生存所产生的各种需求,是比较基础的需求。

第二,安全需求(safety needs)是指保护自己不受到身体、情感等方面伤害的需求。此处的"安全"是一种比较广义的安全,具体指人身安全、财产安全、就业安全、情感安全、环境安全等。这种需求要求人的身心都要健康发展,不受伤害。

第三,社交需求(social needs)是指对爱情、友谊、归属和接纳等方面的需求,它绝大多数情况下是由于人的社会性产生的。人是一种社会动物,对环境或者其他人具有依赖性,无论做什么,都不可能孤立存在,人具有一定的社交需求,才能健康发展。

第四,尊重需求(esteem needs)分为内部尊重和外部尊重。自主、自信、自尊和成就感等属于内部尊重因素;地位、认可和关注(受人尊重)等属于外部因素。

第五,自我实现需求(self-actualization needs)是指成长和发展、发挥自身潜能、实现理想的需求。自我实现需求一般包括两个方面:第一是胜任感方面,注重把握事物的主动性;第二是成就感方面,拥有这种需求的人,对于他们来说,工作并不是因为金钱或其他报酬,而主要在于成功和成果,因此他们需要了解自己工作完成与否,成功后获得的内心喜悦比别的任何奖励都重要。

以上5种需求是天生就有并同时存在的,它们的区别在于需要的强度和表露程度,其中主导需求是最为迫切的需求,它决定着人的行为。

②人的5种需求并不是同一层次的。生理需求是最低层次的需求,其次分别是安全需求、社交需求、尊重需求和自我实现需求。更高层次的需求只有在较低层次的需求得以实现后才会产生和加强,成为主导需求。人对各种需求的强度基于不同的发展阶段是不同的。对于兰考人民而言,在"三害"横行的年代,解决温饱问题、实现生理需求是首要问题。只有在最低层次的需求得到满足后,兰考人民才能逐渐实现其他层次的需求,走向幸福。

【案例分析】

(1)团结干部的领导艺术。第一,统一思想,激发斗志。出任县委书记后,焦裕禄把"县委办"更改为"抗灾办",带领干部们进行了一场不同寻常的县委常委会,并通过场景教育,激发了干部们的斗志,便于接下来工作的开展。第二,率先示范,以身作则。"吃别人嚼过的馍没味道。"焦裕禄身体力行地满乡村调研,掌握"三害"的基本规律,从不偷懒。即便是在肝病的折磨下,他仍然和大家一起翻地、封沙丘、种泡桐、挖河渠。无论工作多忙,身体多难受,他都绝不掉队。

(2)设立榜样,善用激励的领导艺术。通过在王小妹干活的田里举行实地会议,编辑通讯报道,使王小妹的事迹从村里普及到兰考全县,让她成了青年女同志们的榜样,激励人民群众投身治理"三害"的活动中。不仅如此,在兰考的抗灾过程中,焦裕禄以王小妹为起点,指出以韩村、秦寨、坝子、双杨树、赵垛楼等5个特例为典型,总结出韩村的精神、秦寨的决心、坝子的风格、双杨树的道路、赵垛楼的干劲。把这5个村子作为试点,治理"三害",同时激发全体人民的斗志。

(3)善于走群众路线的领导艺术。将国家救济款挤出一小部分,作为农民参与治理的补贴,让群众切实得到奖励。这个方法不仅鼓励了留在兰考的百姓们,激发了他们的斗志,甚至把在外要饭的百姓也"叫"回来了,成为之后大家口中的"叫人政策"。

3.通过阅读该案例,结合该案例和所学知识,谈谈你对"焦裕禄精神"的认识。

【理论依据】

"焦裕禄精神":亲民爱民、艰苦奋斗、科学求实、迎难而上、无私奉献。

【案例分析】

亲民爱民:在"焦裕禄精神"中,亲民爱民是最重要的组成部分。2014年,习近平在调研兰考县党的群众路线教育实践活动时的讲话中提到,焦裕禄同志"心中装着全部群众却唯独没有他自己",焦裕禄同志是组织中其他领导干部的优秀楷模。焦裕禄同志离开我们这么久了,依然深受人民群众的尊敬和爱戴,最根本的原因就在于他始终把百姓当亲人,在他的心中,始终装着人民群众,踏踏实实为群众工作,为人民群众解决最迫切、最直接、最现实的问题。在兰考陷入绝境时,焦裕禄毅然决然来到兰考,后期更是不顾肝病的折磨,带领兰考群众共同对抗"三害"。

艰苦奋斗:面对兰考这块"难啃的硬骨头",焦裕禄丝毫没有退缩,不顾艰辛,不顾黄沙和盐碱,也是这种不服输的状态,战胜了"三害",改变了兰考的面貌。

科学求实:"说一尺不如干一寸。"实地调研,从实际出发,在此基础上,领导拟写了《关于治沙、治水、治碱三、五年的初步设想草案》。在极端的天气状况下,实地考察,总结"三害"的规律。

迎难而上:面对兰考的风沙、盐碱、内涝,他丝毫没有退缩,他说:"我们干部对待困难,一是不怕,二是顶着干。"在兰考最困难、灾荒最严重的时期,焦裕禄同志接受党的任命,出任兰考县委书记。

无私奉献:亲自编写《干部十不准》规章制度,规范队伍纪律,不允许任意一个人在任意一时期搞特殊。始终把百姓当亲人,心中装的都是百姓,踏踏实实为人民工作,不顾肝病的折磨,切切实实为人民群众着想,看不得人民受一点苦。

(五)背景信息

焦裕禄出生于山东的一个普通贫民人家。幼年时,因日寇和伪满傀儡的统治,他被迫在抚顺的一个煤矿工作。焦裕禄于1946年1月加入中国共产党,成为一名中国共产党党员。1962年12月,焦裕禄出任兰考县委书记,当时的兰考正处于十分严重的饥荒中,在"三年经济困难"和灾荒的双重折磨下,整个县的水利工程几乎都没有办法使用,农村经济十分落后,全县人民生活水平不断倒退,全县粮食产量达到最低水平。因为无情的自然灾害,兰考人民的生活十分困难,吃不饱、穿不暖是兰考人民的真实写照,受灾荒影响,许多兰考人外出讨饭,剩余的人因为粮食缺乏,甚至只能凭借挖树根、啃树皮、吃野菜才得以生存。

面对兰考的这种情况,焦裕禄迎难而上,在兰考工作期间,虽然饱受肝病的折磨,仍然坚持工作,通过在兰考的辛苦调研,总结出治理"三害"的方案,运用自身高超的领导艺术,带领兰考人民成功对抗风沙、盐碱、内涝。正是这种不服输的态度及对人民的热爱,铸就了"焦裕禄精神"。而兰考人民利用焦裕禄带领大家种下的泡桐树,制作家具和乐器等,努力发展兰考经济。兰考于 2017 年 3 月成功脱贫,成为河南第一个"摘帽"的贫困县[1],这一切全都得益于焦裕禄的不放弃。

(六)关键要点

解决问题的根本点在于理论结合实际。此案例很好地体现了焦裕禄个人作为领导的影响力,由此出发去探究领导影响力的来源和领导行为,并将焦裕禄精神、管理学理论和案例情节相互对应,由浅入深,由实践走向认知的真理。

(七)课堂计划建议

本案例可以配套"管理学"课程,作为辅助的案例讨论课来进行。以下是根据时间进度提供的课堂计划建议,仅供参考。

整个案例课的课堂时间控制在 40—50 分钟。

课前计划:提前 1 周发放案例,提出启发思考题,请学生在课前完成阅读和初步思考。

课中计划:教师陈述简要的课程前言,之后建议让学生分享自己对焦裕禄的最大印象和感受(10 分钟),之后再次让同学们仔细阅读案例故事并思考案例分析题,邀请同学对案例和题目进行解读(30分钟),最后教师总结和点评同学们的发言(10分钟)。

黑板计划如下:

"焦裕禄精神"

亲民爱民、艰苦奋斗、科学求实、迎难而上、无私奉献

领导力

领导力可以被形容为一系列行为的组合,而这些行为将会激励人们跟随领导,而不是简单地服从。

领导影响力的来源

影响力有两个基本来源:职位权力和个人威信。

职位权力:主要有合法性权力、奖励性权力、强制性权力。

个人威信:包括两方面的内容,即专家性权力和参照性权力。

马斯洛的需求层次理论

生理需求、安全需求、社交需求、尊重需求和自我实现需求。

课后计划:如有必要,请学员采用报告的形式结合其他有关焦裕禄的资料,对焦裕禄精神进行更进一步的解读分析,尤其是对焦裕禄精神中涉及现代管理的部分给出更加细致的分析,为后续章节内容的学习做好铺垫。

(八)相关附件

"焦裕禄精神"

内容:亲民爱民、艰苦奋斗、科学求实、迎难而上、无私奉献。

提出背景:"焦裕禄精神"是一种向焦裕禄同志学习的精神。1962年的兰考有着十分严重的饥荒,承受着"三年经济困难"和灾荒的双重折磨,农村经济十分落后,全县人民生活水平不断倒退。吃不饱、穿不暖是兰考

人民的真实写照。当时的兰考县委,面对这种困境的干部们抢着调到县外去,想要选派县外的干部们,也总会遇到各种各样的借口推托,大家都觉得"灾区栽干部、容易犯错误"。在这种背景下,焦裕禄同志迎难而上,本着"拼着老命也要啃下这块硬骨头"的精神,在领导兰考群众对抗"三害"的期间,凭借十分优秀的领导艺术,身体力行地带领兰考人民共创新天,铸就了"焦裕禄精神"。

(九)参考文献

[1] 杨长兴,刘俊生,张万青,等.焦裕禄一生[M].北京:中央文献出版社,2014.

[2] 周长安,赵永祥,吴玉青.焦裕禄在兰考的475天[M].郑州:中州古籍出版社,2014.

[3] 郝云宏,向荣.管理学[M].北京:北京机械工业出版社,2013.

[4] 周三多,陈传明,鲁明泓.管理学:原理与方法[M].上海:复旦大学出版社,2009.

水不激不扬，人不激不奋

——杨贵与红旗渠的故事

一、案例描述

（一）引　言

1954 年 5 月，26 岁的杨贵来到林县，担任中共林县县委书记，初来乍到的他就听到这样一件事。

1920 年的一天，桑林茂老汉挑着水桶走在山间的小路上，他小心挪动着脚步，生怕桶里的水洒出来。天渐渐黑了，刚过门不久的儿媳妇出村去迎桑老汉，可是她刚接过担子没走几步，就被脚下的石头绊倒，桶里的水洒了个精光，全家人眼睁睁看着包好的饺子没水下锅，婆婆只好到邻居家去借水煮饺子，当饺子端上桌时，儿媳妇已经悬梁自尽了。

一担水就把年轻的生命逼上绝路，这件事让杨贵感到非常震撼，他竟然感到在这里吃饭，比在前线打仗吃饭还要困难，不禁掉下了眼泪。杨贵暗下决心，一定要带领林县百姓在经济上实现大翻身。自此，他开始走村串户，在和当地老百姓的交谈中他深切地感受到老百姓时刻铭记着共产党的好，群众基础非常好。他明白，要想改变林县，最根本要解决的就是"缺水"问题。

当时的林县，喝水难于上青天。老百姓口中都风行一句话：生下来洗一次，嫁人娶亲洗一次，死的时候洗一次，一辈子只洗这三次脸。为了表达与林县百姓共命运的决心，杨贵动员妻子，把家搬到了这个穷乡僻壤，当时,他们的儿子还不满 3 个月。杨贵的举动让老百姓看到了这位年轻的县委书记扎根山区的赤诚。

（二）初来乍到,错估形势

1. 动员群众

1956 年冬天,在中共林县第二届委员会第二次全体会议上,杨贵代表县委向全体党员干部和群众发表讲话:"苦战五年,重新安排林县河山！"这个号召通过有线广播迅速传遍村村寨寨,饱受缺水之苦的人们,听到杨贵要带领他们重新安排林县河山,心里都充满了期待。当然,也有人认为重新安排河山只是一个疯狂而又可笑的臆想,说杨贵不切实际,喜欢说大话。杨贵在会上说:"河山不重新安排,咱们林县的缺水问题就永远得不到根本上的解决,我们是为了后代修渠,所以我们要敢想敢干！"杨贵知道,林县人民世代缺水,坐以待毙实在太蠢,不如大胆改革,背水一战。"与其苦熬一辈子不如苦干他几年。"就这样,杨贵点燃了林县人民的激情。

2. 项目上马,热情似火

会议之后,杨贵便开始潜心研究"引漳入林"工程,同时成立"引漳入林"委员会。当时的林县正处于"三年经济困难时期",国家经费有限,全县的资源也十分有限,仅有 150 亩耕地、270 余万元储备金和 28 名水利技术人员。

1960 年 2 月,相关手续获批后,林县县委把缺水之害、有水之福结合在一起,用形象的图景和通俗的语言来给群众描绘有水之后的美丽山区,林县人民一呼百应,"引漳入林"工程正式开始。领导告诉群众,如果工程建成,浊漳河水将会像京杭大运河一样,滔滔不尽流入林县,水来业兴,有了水,发展农林牧渔就不是空想、空话、空盼。县委书记杨贵还专门为此写了一首诗,描述了有水后林县的新风貌和新景象,并刊登在《林县报》上,让林县人民充满了无尽的向往。红旗渠开工第一天,全县报名修渠的人就达到3.7万人,这还不包括那些主动修渠的民工,同一时期修渠工地上的民工最高达到10万人,甚至有爷孙三代全家出动的,10年修渠累计达到30万人。

但是,工程开始不久,各种问题就接踵而来。很多民工从事的劳动超过自身承受能力,并且红旗渠修建时正值"三年经济困难"最严重的时期,生活条件艰苦,再加上饮食方面缺乏营养导致饥饿性浮肿,让一些民工在思想上存在消极现象和抱怨情绪,甚至认为红旗渠工程是一个不可能完成的任务,一度产生"放弃修渠"的心理。开工时的热情正在被种种问题消磨殆尽。这些问题让有着一腔热血的杨贵陷入了沉思。

(三)以身作则,激励民工

县委说:"林县人民世代饱受缺水之苦,能早一点修成就能早一点享福。"但种种问题摆在眼前,林县人民开始指责县委:林县县委不接受教训啊,不撞南墙不回头,而县委却说是在为林县人民办好事,叫林县人民带着干粮去山西修渠。

"说一千,道一万,不如做给群众看。要把'引漳入林'这样的正确决策变成林县老百姓的自觉行动,各级领导干部尤其是部委、县委、县政府的领导干部,要给下属做出示范,为群众做出榜样。"[1]县委书记杨贵、县长李贵、副县长兼红旗渠总指挥部总指挥马有金3人决定施行"五同"原则,即要求干部与民工同吃、同住、同劳动、同学习、同商量。但由于储备粮十分有限,谁也不知道灾荒何时结束,杨贵也不敢随意动用储备粮,民工们的吃饭问题仍然没有得到妥善解决。有一次,杨贵到渠上看望民工,由于干活太累,需要操心的事情太多,得不到很好的休息,杨贵便晕倒在渠上,炊事员见状便为杨贵蒸了一小碗米饭,但端给杨贵后,杨贵非常生气:"群众都没东西吃,我没有资格开这个小灶,这米饭大家一起吃!"转手就把这小碗米饭倒进了伙房的大锅中,煮成粥和渠上的民工分喝。"干部也吃窝窝头,林县人民搬山头!"杨贵和修渠工人一样,一手捧着窝窝头,一手端着一碗二两的面条。民工们看到县委书记的决心,心中的委屈烟消云散,想着干部们都豁出去了,和咱们同吃、同住、同劳动,咱们还有什么理由不去干活!

除了吃住,县社大队小队四级领导都率先上工地,既当指挥员,又当战斗员,和所有民工一起吃住在工地,一起抢锤打钎、抬石砌渠,没有哪个领导在修渠工地上搞特殊化。红旗渠工程总干线长,支渠点多,修渠人多,各种大事小事交织在一起,马有金每天除了部署各个公社任务、协调解决修渠中的问题,仍不忘"五同"原则,坚持与民众奋斗在一线。杨贵书记在后来的回忆中曾说:"要不是有这个马有金,我这个渠20年都修不成。"[1]马有金的通信员李秋山在回忆时说道:"不管是刮风还是下雨,永远都能在工地上看到马县长的身影。他不知道什么叫艰苦,不知道什么叫受罪,他就是我心中的县长。"[1]

（四）赏罚分明

在修渠过程中,为了保证修渠民工的决心和保持林县人民的热情,林县县委决定开展红旗竞赛活动,通过比、学、赶、帮,分发红旗,提高民工工作积极性。林县县委把整条渠分成了3个协作区和2个独立营,同时做了3面红旗,每10天开展一次竞赛活动,以工程质量、工程安全、民工热情、修渠速度及修渠技巧条件为主题进行评比,夺得红旗的队伍将会在大会上予以表彰,授红旗,演电影,县委派人到他们家里亲自慰问。通过竞赛,让全体林县人民看到谁是好样的,谁是人民心中的大英雄,获得荣誉的人,比多给他吃两个馒头都开心。除此之外,指挥部还为修渠民工插红旗、树标兵,开展评"五好"活动,即:政治思想好、完成任务好、安全生产好、爱护公物好、团结友爱好。

（五）物质保障

为了保障红旗渠工程的建设进度，在县委统一领导的前提下，杨贵及其领导班子决定实行"谁受益，谁负担"的原则。根据公社的人口和灌溉面积投工，受益面积越大，负担的长度就越长；受益面积越小，负担的长度就越短。修渠民工的工分由所属生产队参加分配，修渠过程中需要的工具以自带为主，没有的由所在公社提供；对于修渠民工的口粮，县委班子决定从集体储备粮中抽调一部分，给予每位民工每天 1 斤或 1 斤半的补助，蔬菜、肉类和蛋类食品由生产队直接送到工地。由于县财政经费十分有限，所有的经费只能用于购买炸药、钢钎和水泥等重要物资。民工利益有了保障后，有效调动了参与修渠的每个公社每个大队每个小队每个民工的积极性。

在林县县委的带领下，1965 年 4 月，3 条干渠同时竣工。4 月 5 日，总干渠通水典礼在分水岭闸前隆重举行，郝红兴（修渠民工）流着眼泪，激动地说："我这一辈子，甚至是我爷爷那一辈，也没有见过这么大的水流过来，真是渠水泪水一起流。"

多年期盼，一朝圆梦，专门赶来参加通水典礼的中共山西省委书记陶鲁茄拉着杨贵的手感叹："哎呀，杨贵同志，这哪里是什么渠，分明是一条河，你怎么一下把浊漳河的水全引来了。"

1969 年，红旗渠完成干、支、斗渠配套建设。至此，以红旗渠为主题的灌溉体系基本形成。

二、案例拓展

（一）教学目的与用途

本案例适用于商学院本科生、MBA 的"管理学原理""企业领导学"课程中关于西方领导理论等知识点的案例教学及"管理学原理"课程中激励等章节和知识点的教学。

本案例描述了红旗渠工程建设过程中采取的各种激励措施,以此保证林县人民修渠的决心。通过案例学习,在掌握激励理论的同时,加深对红旗渠精神的理解。在分析案例时,通过分析杨贵及县委班子采取的各种措施、方法及其背后的根本目的,找出并分析期望理论、双因素理论、强化理论和需求层次理论在实际工作中的应用和效果,引导学生总结如何帮助管理者更好地结合实际采用不同的激励理论对员工进行激励。

(二)启发思考题

1.修建红旗渠的过程中,杨贵利用思想文化宣传动员群众有何意义?

2.杨贵及县委班子是如何在精神上激励林县人民的?

3.试从管理学角度分析杨贵是如何不断强化林县人民的修渠决心的。

4.红旗渠工程的建设体现了什么精神?有什么样的内涵?

(三)分析思路

本案例描述了红旗渠工程建设过程中采取的各种激励措施,以此保证林县人民修渠的决心。通过案例学习,在掌握激励理论的同时,加深对红旗渠精神的理解。在分析案例时,通过分析杨贵及其县委班子采取的各种措施、方法及其背后的根本目的,找出并分析期望理论、双因素理论、强化理论和需求层次理论在实际工作中的应用和效果,引导学生总结如何帮助管理者更好地结合实际采用不同的激励理论对员工进行激励。

任课教师可以结合课堂情况,根据自己的教学目标来灵活使用本篇案例。本案例的分析思路如图1所示,仅供参考。

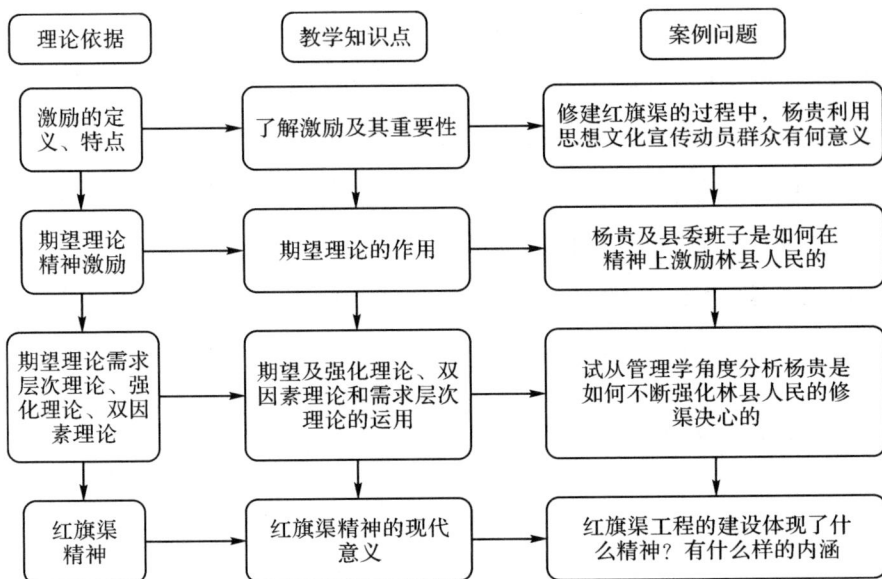

图1 案例分析思路图

(四)理论依据及分析

1.修建红旗渠的过程中,杨贵利用思想文化宣传动员群众有何意义?

【理论依据】

(1)激励的定义。激励是管理者通过设计相应的奖励或惩罚性措施,通过适当的奖酬形式和工作环境来激发、保持员工的积极性和责任感,从而高效地实现组织目标的过程。激励实质上是将管理者的热情快速高效地传递给员工的过程,进而使组织效果达到最佳状态。[2]

(2)激励的特点。①目标明确。整个激励过程的本质就是管理者对员工行为的约束和鼓励,是为了更快更好地实现组织目标,因此,激励最明显的特点就是目标明确。②连续性。激励行为作为一种领导艺术,不是简单的一种行为就可以达到目标,也不是转瞬即逝,它将贯穿于整个管理过程当中。换句话说,只要组织的目标未实现,就需要不断地激励来强化员工的决心和信心。③多样性。激励行为不是简单的奖惩,而是需要根据不同的组织性质、外部环境及管理者和被管理者的心理状态发生相应的变化,采取不同的激励手段来实现组织目标。④两面性。激励不仅包括鼓励、肯定、奖励等正向激励,还包含批评、约束和惩罚等负向激励。正向激励和负向激励共同构成激励机制。[2]

【案例分析】

"引漳入林"工程耗时 10 年,红旗渠的修建过程十分艰巨,修建资源的匮乏令人难以想象。在设备工具落后、修渠人员的温饱难以保证的情况下,在巍峨的太行山上创造出一条 1500 千米长的"人工天河",着实令人震惊。在修建红旗渠的 10 年中,正是存在多种激励行为,才让人民群众的修渠决心不断高涨,激励性和能动性得到最大化激发。

2.杨贵及县委班子是如何在精神上激励林县人民的?

【理论依据】

激励是领导艺术的重要组成部分,在实现组织目标的过程中发挥着非常重要的作用,现代管理学将人视为组织的重要资源,认为人的潜力是无穷的。

过程型激励理论着重研究人从动机产生到采取行动的心理过程。

著名行为科学家弗鲁姆认为,组织员工的动力取决于其努力后对成果或奖励的重视程度(效价)和对目标实现的概率估计(期望率),并将激励作为其二者的乘积(激励＝效价×期望率)。红旗渠在修建过程中就体现了这一理论。

（1）红旗渠工程从动工到结束的整个过程中，都伴随着全体群众、修渠人员和干部的思想宣传教育，特别是通过说服教育的方式，向群众宣传马克思列宁主义和毛泽东思想，宣传党的社会主义建设路线，进行社会主义和爱国主义的思想教育。

（2）根据弗鲁姆的期望理论[3]，林县人民对修渠的信心和决心部分取决于红旗渠完工之后带来的丰厚成果。领导者通过向林县人民描绘水渠建成之后的美好愿景来激励其付诸实际行动，更加积极主动地投入建设红旗渠的队伍当中。

【案例分析】

（1）"苦战五年，重新安排林县河山！""与其苦熬一辈子不如苦干他几年。"激励性的标语口号潜移默化地提高了全县干部和群众的思想境界，点燃其激情，也正是不断存在的这种精神激励，才使得全县上下齐心共建红旗渠。

（2）在红旗渠的建设初期，林县县委就将缺水之害和有水之福两种结果进行了对比，让群众深刻认识到修建水渠的重要性和必要性，并且用形象的画面和通俗的语言描述了水渠修建成功后的美丽景象。

这两个事例可以充分体现精神激励在红旗渠修建过程中发挥了重要的作用。林县县委通过凝聚人心、描绘愿景来保证水渠修建过程中群众的思想不松懈，这也是修建过程中林县人民不断克服困难，直至完成工程的重要法宝。

3.试从管理学角度分析杨贵是如何不断强化林县人民的修渠决心的。

回答关键在于找出材料中的关键措施，对应激励理论。

【理论依据】

(1)马斯洛的需求层次理论[2]。美国心理学家马斯洛将人的需求从低级到高级分为 5 种:生理需求、安全需求、社交需求、尊重需求和自我实现需求。这 5 种需求层层递进,只有在前一种需求得到满足之后,才会转向下一种需求,多种需求可以共存,但低层次需求更为重要。马斯洛的需求层次理论说明人的需求是在不断变化的,因此可以说没有一成不变的激励方式和手段,激励方案需要多元化。红旗渠工程的修建是为了解决林县人民的生理需求(水),这是林县人民目前最为紧迫的需求。

(2)期望理论,具体参考思考题 2 的理论依据和案例分析。

(3)双因素理论,也称激励—保健理论。[2]美国心理学家赫兹伯格把企业中的有关因素分为两种,即激励因素和保健因素。激励因素是指能够使员工感到满意,并能够激励员工的因素,包括成就、成长、挑战性和认可等;保健因素是指能够影响员工产生不满意的因素,包括管理监督、同事关系、薪资和福利等,如果缺少了这些因素,员工就会产生不满情绪,但即使这些因素一应俱全,也不会使员工产生满意感,只能够抑制不满意的产生。

(4)强化理论。[2]美国心理学家斯金纳认为,人的行为会受到外部环境的刺激,这种刺激可以使积极的正向强化,也可以使消极的负向强化。因此,可以通过创造和改变外部环境,通过相应的条件限制改变人的行为。强化理论可以保持员工的积极行为,修正员工的错误行为。

这 4 种激励理论相互补充,各有侧重,为激励机制在实际管理过程中的应用提供了理论基础。这 4 种激励理论在红旗渠的修建过程中也得到了体现。

【案例分析】

(1)马斯洛的需求层次理论。生理需求是需求层次理论中最低层次的需求,是人生存的基本需求,也是调动修渠人员最直接高效的着手点。

(2)赫兹伯格的双因素理论。保健因素是指能够影响员工产生不满意的因素。在水渠修建过程中,领导干部们采取的"五同"原则属于保健因素的范畴。从古至今,身先士卒一直是激励士气的重要方式,也是影响下属使其保持热情的有效方法。也正是林县县委带好了这个头,才让整个修渠队伍的热情很高。除了"五同"原则,在红旗渠修建过程中制定的一些奖励措施和个人、团队荣誉等,也很好地体现了双因素理论中激励因素的运用。

(3)弗鲁姆的期望理论。林县人民修筑红旗渠的最初激励来源于杨贵的承诺,杨贵通过给林县人民描绘出红旗渠通水后的美好生活愿景,使群众愿意为了该目标而奋斗。

(4)斯金纳的强化理论。压力是一种无形的力量,如果某种行为是不被认可的,那么这种行为就会受到管理者的惩罚;相反如果某种行为的出现是积极有效的,那么这种行为就会被管理者认可。"流动红旗"和"流动黑旗",包括针对不同修渠行为的奖励和惩罚,都体现出了林县领导干部在改变红旗渠的修建环境,通过外界的强化因素来塑造积极行为,制止消极行为。虽然强化理论没有利益奖励的物质优势,但是会给被管理者的精神造成极大的震撼。

4.红旗渠工程的建设体现了什么精神?有什么样的内涵?

体现了自力更生、艰苦创业、团结协作、无私奉献的"红旗渠精神"。

自力更生:红旗渠工程的修建正值国家经济困难时期,林县人民在得不到国家全力支持的情况下,利用林县仅有的290万元财政经费和自己的双手,十年如一日地修建红旗渠。

艰苦创业:红旗渠工程的修建过程中存在各种各样的困难:资金短缺、粮食不足,以及炸药、水泥和石灰等工程物资匮乏,技术人才、技术设备缺乏。但林县人民凭借自己的智慧解决了一项又一项难题。

团结协作:红旗渠工程的建设不是依靠少数人的努力,而是依靠全体林县人民的共同努力,各公社包工定额,出人出力,共同合作建设水渠。

无私奉献:红旗渠修建过程中,除了杨贵及县委领导干部的无私奉献,不顾艰难地冲在修渠第一线外,还有各种各样的民工榜样,他们"舍小家顾大家"的奉献精神同样激励着林县人民;领导干部带头捐物资,不仅让林县人民看到了领导干部修建水渠的决心和毅力,也感动着修渠民工。修建过程中,有许多英雄付出汗水、鲜血甚至是生命。

(五)关键要点

1.精神激励——坚定信仰、凝聚人心

精神激励与物质激励同样重要。在激励艺术中,精神激励愈发重要,它的实质就是为林县群众注入理想信念,补足精神之钙。习近平总书记在2021年11月1日出版的第21期《求是》杂志上发表《坚定理想信念,补足精神之钙》时提到:理想信念就是共产党人精神上的"钙",没有理想信念,理想信念不坚定,精神上就会"缺钙",就会得"软骨病"。

应用到现代公司治理过程中,精神激励能够增强员工的自豪感和满足感,进而提升其工作的积极性,让他们全身心投入实现组织目标的过程中。通过认可员工的成绩,授予其荣誉,营造愉悦的工作环境,就可以实现对员工的精神激励。

2. 物质激励——让群众看见最实在的东西

物质需求是人类生存和发展的基本需求。红旗渠工程的修建过程中，根据工程情况对修渠民工进行各种福利补贴，在艰苦的条件下，让群众"吃饱肚子再干活"，这都是物质激励，并颇具成效。

3. 善用榜样激励——树立标杆，见贤思齐

榜样的力量是无穷的，它是人们不断前进的旗帜与标杆。用榜样的力量激励广大群众、员工，是激励机制的重要形式。

（1）领导干部以身作则。在红旗渠的修建过程中，领导干部都要遵守"五同"原则。给群众做榜样的过程，也是走进群众内心、发现问题所在的过程。

（2）优秀模范行为示范。在红旗渠的修建过程中，一大批模范工人奋斗在前、享乐在后，危险在前、荣誉在后，舍生忘死、一心为公，才使得红旗渠的建设队伍攻无不克、战无不胜。为了修建红旗渠，无数林县人民付出自己的汗水、鲜血甚至是生命，这激励着越来越多的人投入这项伟大事业中。

4. 精准激励——把握分寸，公平公正

在红旗渠的修建过程中，不同形式的激励都有着严明的规章制度。例如，劳模评选是公开透明的；擂台赛开展是定期的；优秀人物事迹弘扬是有理可依的；思想教育激励频率是固定的……这样有章有法的激励形式，使激励机制在最大范围内合理化、正规化，从而发挥最大的效果。

5. 妙用关爱激励——彰显人文关怀

首先，管理者对组织成员的关爱应该是真情实意的。作为组织成员，领导的关爱和赞扬在一定程度上可以增强组织成员的荣誉感和成就感，同时拉近上下级之间的关系，建立和睦融洽的上下级关系，使组织成员更加积极主动地为实现组织目标而努力，这是一种简单而又高效的精神鼓励，但要注意,关爱激励要以尊重员工为前提。

(1)换位思考是实现尊重员工的前提。作为管理者,只有站在员工的视角来分析问题,才能感受到员工内心深处的想法,从而为员工解决实际问题,调动其工作积极性。

(2)增进沟通是实现尊重员工的途径。沟通,可以消除人与人之间的嫌隙,提高人与人之间的信任度。通过沟通,管理者可以了解到员工的想法,员工也能够感受到组织对自己的重视。在此激励机制的作用下,员工能够更积极地为组织工作。

(3)管理者保持宽容、善于倾听才能真正实现关爱激励。宽容是一种领导艺术,它直接体现着管理者的胸怀。管理者的宽容品质,一方面,可以让组织成员感到亲切和友好,提高员工的安全感;另一方面,让组织成员在感动之中自愿地为组织效力,为实现组织目标而奋斗。作为管理者,宽容不仅体现在面对下属犯错时的大度上,还体现在能够把功劳让给下属、与下属共同承担责任上。[2]

(六)背景介绍

1.红旗渠的修建背景

红旗渠是 20 世纪 60 年代,林县人民为了改变用水困难的现实情况,耗时 10 年修建的一项大型水利工程。那时的林县由于缺水严重,食不果腹,外出逃荒成为人民生活的日常。

中华人民共和国成立之初的 10 年里,林县人民在党的领导下战胜重重困难,与缺水的命运进行着顽强的抗争。在这一时期,林县人民修成了淇南渠、淇北渠、荷花渠等 97 条引水渠,以及要街水库、弓上水库、南谷洞水库等 3 座中型水库。这些水利工程某种程度上缓解了用水紧张的局面。到 1958 年,林县的山区建设取得了显著的成绩,水利建设尤为突出。同年

11月,因为治水有方,毛泽东主席在新乡火车站接见了林县县委书记杨贵,并对杨贵的治水工作给予了高度肯定。可以说,毛主席的鼓励更坚定了林县县委一班人兴修水利的决心和信心。

然而1959年,林县再次遭遇重大干旱,修成的水库无水可蓄,建成的水渠无水可引。严峻的现状使林县县委清醒地认识到:改变林县山区贫穷落后面貌的根本措施和必要方法就是从根本上解决水的问题。根据过去的经验,林县县委和林县人民都知道,要想彻底解决水的问题,必须寻找新的可靠的水源,把境外水源引入林县境内。

经过长期的实地考察、勘探测量、调查研究,林县县委在1959年11月6日正式向中共新乡地委、河南省委报送《关于"引漳入林"施工的请示》,迈出了"重新安排林县河山"最具决定意义的一步,为人工天河红旗渠的修建和"红旗渠精神"的形成奠定了重要基础。

2.红旗渠的修建过程[1]

红旗渠工程修建于20世纪60年代,那时正值"三年经济困难时期",导致红旗渠的修建过程异常艰难困苦。在缺乏充分的财政支持,粮食、工具及修渠的必需品都无法完全保障的情况下,林县人民不等不靠、不向上伸手,历时10年完成了这项被称为"世界第八大奇迹"的工程。可以说,它是在艰难的环境下,林县县委带领林县人民为生存进行的抗争,其修建可以被概括为3个不可能。

(1)不可能的时间。纵观红旗渠的修建,涵盖着我国最困难的2个时期。首先,它动工于1960年2月11日,而动工的时候正是"三年经济困难"开始的时期,饥饿是这场灾害留给人们最直观的印象。在当年的红旗渠工地上,民工们可以说是"糠菜半年粮",在最少的时候,甚至一天也就七八两粮食。民工们在获得每天生存所需的低能量的同时散发出改天换地的巨大能量。其次,它跨过了最动荡的"文革"时期。"文革"开始之后,林县县委书记杨贵被打成走资派,红旗渠被称为"死人渠",红旗渠上的劳模被称为黑杆枪,批斗下来的那些人,都是修建红旗渠的骨干。然而上至林县县委领导下至普通百姓,没有人放弃,没有人退缩,依然坚持用了10年修成了这项工程,如果没有他们这种善始善终的精神,红旗渠也无法修成。

(2)不可能的地点。红旗渠的全线是在太行山的腰系之间,用悬崖峭壁来形容民工们的施工场所可以说是再为形象不过了。施工场所的危险加上工程设计本身1∶8000的纵坡坡比,使很多人都认为红旗渠是"不可能完工"的。在当时简陋的环境下,没有任何先进的机械设备,林县人民用一锤一钎一双手修成工程,可以说堪称奇迹。当年的放炮崩山、悬崖施工、铁姑娘打钎……这些都是靠着工友腰系着大绳,像雄鹰一样飞荡在悬崖峭壁间完成的。在如此危险的地方施工,实属不可能。

(3)不可能的工程。10年修渠,林县人民靠着一锤一钎一双手,削平山头1250座,架设渡槽151座,开凿隧洞211个,挖砌土石1515万立方米。这些土石方量比世界上最大的建筑物古埃及金字塔所用到的土石方量还要多。

红旗渠的建成,对林县人民有着极其重大的意义。一是解决了吃水和粮田灌溉的问题,改善了林县的生态环境,为林县之后的发展奠定了坚实的物质基础;二是解放了林县人的思想,彻底改变了林县人的发展观念,增强了林县人的自信,为经济社会各项事业的发展提供了不竭的动力;三是孕育形成了"红旗渠精神"这一巨大的精神财富,激励着一代又一代林县人民持续改善自己的生活,也影响着越来越多的中华儿女砥砺前行。

(七)课堂计划建议

本案例可以用于专门的案例讨论课。以下是按照时间进度提供的课堂计划建议,仅供参考。

整个案例课的课堂时间控制在45分钟左右。

课前计划:提前 1 周发放案例,提出启发思考题,请学生在课前完成阅读和初步思考。

课中计划:

案例介绍(10分钟)。教师可做简要发言,然后让学生分享自己对林贵的最大印象和感受。

案例分析讨论(30分钟)。教师可以让学生仔细阅读案例故事并思考案例分析题,邀请学生解读案例和题目。

总结点评(10分钟)。由案例正文描述转到问题思考继而引出相关理论,教师在听完学生们的发言后,要及时对本次上课内容做出总结点评,让学生学有所获。

黑板计划如下:

"红旗渠精神"

自力更生、艰苦创业、团结协作、无私奉献。

激励

激励是管理者通过领导艺术设计相应的奖励或惩罚性措施,通过适当的奖酬形式和工作环境来激发、保持员工的积极性和责任感,从而高效地实现组织目标的过程。激励实质上是将管理者的热情快速高效地传递给员工的过程,进而使组织效果达到最佳状态。

激励手段

精神激励、物质激励、榜样激励、关爱激励、精准激励。

激励理论

马斯洛需求层次理论,赫兹伯格双因素理论,弗鲁姆期望理论,斯金纳强化理论。

课后计划:如有必要,请学生采用报告形式结合其他有关红旗渠的资料,对"红旗渠精神"进行更进一步的解读分析,尤其是对"红旗渠精神"中

涉及现代管理的部分给出更加细致的分析,为后续章节内容的学习做好铺垫。

（八）相关附件

"红旗渠精神"

内容："自力更生、艰苦创业、团结协作、无私奉献"这 16 个字是在红旗渠修建过程中形成的"红旗渠精神"。这种精神在我们今天改革开放和社会主义现代化建设中,是要继续学习和发扬的。"红旗渠精神"以自力更生为立足点,以艰苦创业、无私奉献为核心,以团结协作的集体主义精神为导向,既继承和发展了中华民族勤劳坚韧的优良传统,又体现了当代中国人的理想信念和不懈追求。今天的红旗渠,已不是一项单纯的水利工程,它已成为民族精神的一个象征。

提出背景："红旗渠精神"是在修建红旗渠的过程中形成的。红旗渠动工于 1960 年,勤劳勇敢的 30 万林县人民,苦战 10 个春秋,仅仅靠着一锤一钎一双手,便在太行山悬崖峭壁上修成了这全长 1500 千米的渠道。

2021 年 9 月,党中央批准了中央宣传部梳理的第一批纳入中国共产党人精神谱系的伟大精神,"红旗渠精神"为其中之一。[2]

（九）参考文献

[1] 王朝.红旗渠修建中的激励机制研究[D].开封:河南大学,2018.

[2] 郝云宏,向荣.管理学[M].北京:北京机械工业出版社,2013.

[3] 周三多,陈传明,鲁明泓.管理学:原理与方法[M].上海:复旦大学出版社,2009.

船载千斤,掌舵一人

——权变制宜:王耀南的领导之道

一、案例描述

(一)引 言

1941 年秋天,已进入第十年的抗日战争,比以往任何时候都要显得艰难。刚打完百团大战后的八路军,兵疲马乏,物资奇缺,短期内无法再组织大规模的战役,不得不转为游击战。部分抗日根据地在日军的蚕食下大幅缩小,而对于不易开展游击战争的冀北大平原上的军民来说,日军的大扫荡使得冀中根据地人口足足减少了三分之二,情况尤为艰辛。

在如此危急的形势下,八路军总部调兵遣将,紧急抽调各类人才奔赴冀北的晋察冀根据地,改造冀北的平原地形使其适合开展游击战,作为一二九师工兵主任的王耀南便是其中一员。

(二)创新:破"照妖镜"

1941 年秋,晋察冀根据地的司令员聂荣臻来到了山西的桐峪村,专程拜访一二九师工兵主任王耀南。作为工兵专家,王耀南在军内颇有名气,他参加过长征,早年间利用其工兵专长屡建奇功,受到毛泽东、彭德怀等党的领导人的嘉奖。在聂荣臻的劝说下,鉴于冀北平原形势危急,部队首长最终同意让王耀南出山奔赴冀北前线。

刚到晋察冀军区不久,聂荣臻便任命王耀南为五团团长兼军区工兵主任,随后王耀南便前往清苑县等辖区视察。在同老百姓唠家常的过程中,有人向王耀南抱怨，说他们砸锅卖铁造了好几个宝贝地雷，这几日全部都被日军的"照妖镜"给照出来了。王耀南一听，认为有必要解决这一问题，同时对这所谓的"照妖镜"来了兴趣。他在红军大学学了多年，师从毕业于日本工兵学校的何迪宙先生，知识也算渊博，确实没听说过日军有什么"照妖镜"，于是便叫了几个侦察兵将这"照妖镜"给画了回来，拿来一看，原来是日军的探雷器。

面对日军的探雷器，王耀南想起自己过去在山中狩猎时模仿老鼠夹子所做的夹子，便灵机一动，运用地雷原理的相关知识，做了几个防探雷器的地雷，只要探雷器碰到地雷上的夹子，地雷立刻就会爆炸。此外，为了降低制雷成本，王耀南又立刻尝试用烧砖窑的雷壳做了一种地雷，真雷套上假雷，成本只有几毛钱，敌军一排到假雷，真雷就会立刻爆炸。为了试验新雷效果，王耀南特意找了个空旷的院落做了实验，干部们在周围观看。几次实验都成功了，众人惊叹不已、啧啧称奇，都说王耀南不愧来自"鞭炮世家"。

不过，针对地雷的改进工作并没有止步于此。基于过往经验，王耀南知道经常会发生一些老百姓误触地雷炸伤的事件，于是要求各级官兵在安置地雷时，一定要标清楚埋雷的具体位置，并注明负责埋雷的人员，未炸的地雷需要由埋雷者及时取出，一一对应地雷的爆炸情况，以此作为立功受奖的依据。在王耀南的影响下，团内官兵一提到埋地雷，总是像过年一样高兴。此外，王耀南还提醒他们，如未遇见敌人，则不要过早拉开保险，以避免误炸群众，这一命令后来在冀中民间广为流传，一时成为"不见鬼子不拉弦"的佳话。

（三）忘我——观"蛤蟆蹲"

连续多日的奔波劳累和身上的旧伤，都未能阻挡王耀南的行程，他不顾危险，来到了日军盘踞的定县，这里"迈步登公路，抬头见岗楼，无村不戴孝，处处闻哭声"，情形大不如前。

不过,王耀南在定县发现了宝藏。定县有许多"蛤蟆蹲""地窖子",这些都是当地军民为藏人和粮食而在自己家中所挖的藏身洞,各家各户都已连起来,出口也都造得很是巧妙。王耀南看着这些所谓的"地窖子",立刻明白了,这些便是坑道工事。过去他在赣州作战时,就挖过类似的坑道,他又想起来,自己当年挖这些坑道时,由于没有挖掩体而吃过大亏,还因此负过伤,于是特意嘱咐老百姓一定要挖掩体。不过老百姓哪听得懂什么掩体、坑道,只把这些叫作地下道,王耀南也觉得这个称呼更顺口,便也就改口叫地道了。

受"蛤蟆蹲"的启发,此时的王耀南终于理清了冀北平原地形改造的思路,便立即基于群众家中已有的地窖进行坑道工事化改造,构建庞大的地道网络。不过他同时也意识到,同以往任何时候相比,眼下他所承担的任务,是极为艰巨的,既无经验可遵,也无先例可循。要知道,将工事完全建于地下,也就意味着要形成一套地下游击的战术,这与他过去多年来的地上游击战术相比,显然将是颠覆性的;同时,在村民家中构建地下战争工事,牵涉的利益关系肯定远比军队中要复杂,村民也好,民兵也罢,毕竟都不是自己的下级,而无论是开展地形改造还是组织地道作战,肯定都是需要依靠他们的力量的,如何充分地动员起这些人、处理好同他们的关系,显然将成为他日后工作的重心……看着村中的"蛤蟆蹲",王耀南思考得出了神。

(四)团结——动员村民

从定县回来后,王耀南知道自己的当务之急就是尽快熟悉各村镇已有的地道网络,分析各自缺陷,并提出改建方案,比如针对定县的地道,他就在隔断设施和防毒气通道方面做了部署。此外,针对部分干部打探军区主力是否撤出冀中的行为,王耀南给予严肃批评,直言如果不搞好地道改造工作,将严惩不贷。接着,王耀南又前往了北疃等多个村镇,每到一个地方,发现地道建得不错的,便当即表扬,像是北疃的地道,规模大、很宽敞,七八百人进去都不成问题,还存了不少粮食,也有直通水井的暗道。在改建过程中,王耀南还注重对诸如磨盘在内的村中财产的保全,赢得了村民的支持。不过,仍有不少村镇存在着同防毒通道相关的问题,每遇到这样的问题,王耀南总会以军区的名义下达行政命令,让当地机关立即整改。

王耀南马不停蹄地完成了对多个城镇的视察工作后,发现了一个现象:许多基层干部以战斗为最主要的任务,未意识到地形改造之重要,没有亲自督促群众改造地道。其实,地道改造的阻力,不只来自干部,还来自农忙,农忙和改造争劳力、争时间,许多村民也存在侥幸心理,认为敌军不会这么快打到村里,因此忙着春耕上庄稼,而未把对反扫荡的准备放在第一位。王耀南当机立断,再度向上级汇报。冀中军区听取汇报后,连续发出紧急指示,要求全区军民做好反扫荡的准备工作,并对各部队划分了责任范围,团结全区军民坚壁清野。军令如山,王耀南希望这次能够真正实现动员,他直言:"(从这些城镇回来后)我知道,不依靠冀中军区领导的职权和权威来推广(地道战),是很困难的。"

在王耀南的动员下,干部和村民们协同奋战、合力攻坚,诸多难题都得到解决。

(五)拼搏——领导民兵

在思考地道战战术的过程中,王耀南也在进行地雷战、麻雀战战术的总结,他知道要想彻底发挥地道战的威力,除了团结全区军民、动员起他们的积极性,还需让他们掌握实用的战术方法,于是王耀南决定抽出时间来开办训练班。

在阜平办训练班,王耀南正给部队干部讲解相关战术时,会务负责人突然跟他说:"有些民兵也想听,要不要让他们听? 会不会泄露军事秘密?"王耀南当着大家的面说道:"即便让鬼子学了去,他也不可能在据点里挖地道,也不会在公路上埋地雷。公路是他们保障机动的命脉,他破坏公路不成傻瓜了吗?"台下哄堂大笑,于是训练班就敞开了门让民兵旁听。正讲着路边埋地雷的方法,突然有个叫李勇的小伙子站在后面喊:"报告司令首长,怎样知道小鬼子什么时间撒尿?"话音刚落,大家又纷纷笑起来。王耀南立马明白了,这个民兵小伙一定是不懂日军部队行军有小休息时间,看到日军小休息时停下便误以为日军会定时小便,于是想摸清日军定时小便的规律,好提前埋地雷。王耀南决定开个玩笑,便回道:"你就在埋雷的附近藏好,看到小鬼子走近你的布雷区你就开枪,鬼子一乱就会踩上地雷,踩不上的就会吓得撒尿了。"大家笑得更起劲了。

王耀南开设训练班后不久,1943年4月中旬,日军华北方面军多个部队共计1.2万余人,直逼冀北平原八路军晋察冀根据地开展大扫荡。王耀南行军时,恰巧遇到了率领民兵队的李勇。李勇见到王耀南相当高兴,跟他要地雷用,王耀南并未多问,就告知参谋长让他们随便拿。参谋长看着民兵领地雷时没个队形的样子,觉得不像话。王耀南看着这些机灵的小伙子,心里却很高兴。

日军独立第十一联队约700余人,突然前往阜平县扫荡,刚好遭遇了李勇所带领的几十人的民兵队。李勇通过地道提前铺设好了地雷,只待日军进入,但是日军发现了地雷,转为疏散队形欲缓慢通过,李勇和民兵们立刻开枪射击、奋勇杀敌,敌军慌不择路,踏响地雷,随后,便撤出阜平县城,但又恰巧进入李勇他们在县外提前布好的加大密度的雷区,死伤百余,损失惨重。民兵们勇往直前,在包围网中游弋,打得敌人措手不及。

后来,王耀南再度遇到了李勇,当时李勇已经被聂荣臻司令员授予了"爆破英雄"的称号。王耀南打趣地问他:"小伙子,你把敌人打得撒尿了吧?"李勇只是笑,不说话。

（六）"地道战精神"

像李勇这样的英雄还有许多。华北地区的军民在王耀南的指导下,灵活运用地道战、地雷战、麻雀战等战术打击日寇,扭转了华北地区敌后战场的战局,彰显了拼搏、创新、团结、忘我的精神,谱写了一个又一个可歌可泣的诗篇。

二、案例拓展

(一)教学目的与用途

本案例适用于商学院本科生、MBA 的"管理学原理""企业领导学"课程中关于西方领导理论等知识点的案例教学。

结合本案例分析和讨论,让学生充分掌握和理解以下关键知识点:

(1)结合案例正文王耀南来到冀北后所承担任务的特殊性和复杂性,让学生了解领导职能所应发挥的作用,以及领导相对于管理的特殊之处;

(2)通过王耀南解决日军探雷器问题、在干部之间树立权威的过程,让学生认识到领导的影响力不只来源于职位权力,还来自个人威信,从而全面地掌握领导影响力五方面来源的含义;

(3)为顺利动员华北地区的军民,王耀南在与干部、村民、民兵这些不同主体来往的过程中采取了不同的领导方式,这是本案例中王耀南领导艺术的一大亮点,旨在让学生通过理解实际例子,掌握领导行为理论和领导权变理论。

(二)启发思考题

1.同其他干部相比,王耀南所承担的工作有何特殊之处?

2.初来乍到的王耀南是如何在干部之间施展影响力的?

3.基于领导行为理论,分析王耀南在多个村庄开展地形改造的过程中采用了怎样的领导方式。结合费德勒的权变领导理论,分析他采取这种领导方式的合理性。

4.结合领导生命周期理论模型,分析王耀南在与以李勇为代表的民兵打交道的过程中,采用的领导方式有怎样的变化,这样的领导方式又与王耀南在指导村民开展地形改造时所采取的有何不同,为什么。

5.王耀南和根据地军民协同推进了华北地区地道战的开展,这一过程具体体现了怎样的精神?

（三）分析思路

本部分描述启发思考题的分析思路,供教师授课时参考。通过阅读正文,理解领导的含义及领导与管理的差别。了解领导影响力的含义,掌握领导影响力5个方面的来源。了解几种经典的领导行为理论及领导权变理论,并能结合案例内容,运用相关的西方领导理论进行分析。

任课教师可以结合课堂情况,根据自己的教学目标来灵活使用本案例。本案例的分析思路如图1所示,仅供参考。

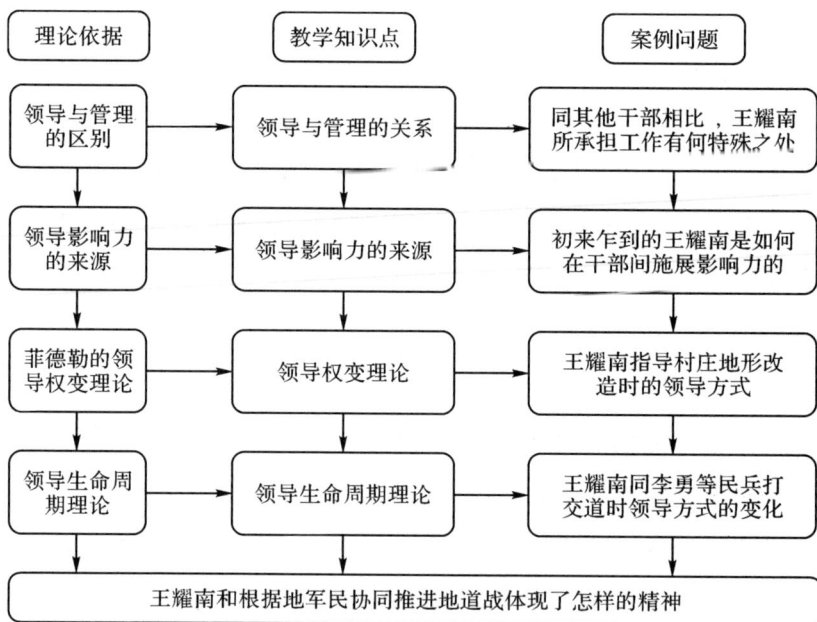

图 1　案例分析思路图

（四）理论依据及分析

为了将学生带入案例正文描述的领导情景中,在正式课堂讨论之前,教师可以根据以下知识点简要介绍领导与领导者这两个基本概念。如前课已经介绍,此部分可略过。

(1)领导的定义。综合学界多位学者的定义,可以认为:领导是引导和影响个人或组织在一定的条件下,跟随实现组织目标的行动过程。它包含以下几层意思。

①领导是一个动态过程。领导的有效性(E)取决于领导者个人(L)的素质、能力与被领导者(F)及环境(S)三者的相互作用的函数关系,即 $E=f(L,F,S)$。

②领导是在"指引"和"影响"的概念上衍生出来的。影响代替"指挥""控制",表明领导的艺术性。

③"跟随"是指被领导者与领导者相互理解,两者合为一体,被领导者发自内心主动为领导者着想的行为。

④领导是与实现某种目标相联系的。因此,领导的目的是实现组织的目标。

(2)领导者的定义。领导者则是指承担领导责任、负责实施这种过程的个人或群体。

第一,拥有权力是领导者的基本特征。一个领导者如果没有相应的权力,他就无法影响和号召别人,因此,领导者是一个权力者。

第二,领导者是责任的承担者。对领导者来说,责任和权力两者互成正比,权力越大,其责任也越大;反之,权力越小,甚至无权力,他对工作的责任也越小或者随之消失。因此可以认为责任是领导的真正象征。

第三,领导者是一个创新者。我们正处于一个千变万化的竞争时代,任何一个企业或组织若要适应时代的发展,立于不败之地,就必须走创新之路。因此,创新应该是领导干部研究的一个永恒的主题。[1]

1.同其他干部相比,王耀南所承担的工作有何特殊之处?

【理论依据】

管理与领导,两者存在诸多相似之处,它们都涉及对事情做出决定,建立一个能完成某项计划的人际关系网络,并尽力保证任务得以完成。不过即便如此,二者仍是有明显区别的。

第一,管理的职能比领导广泛。领导是管理的一个方面,属于管理活动的范畴,但是除了领导,管理还有其他内容,如计划、组织和控制。

第二,管理的对象是人、财、物、信息等,而领导的对象是人,主要是通过对他人施加影响,使之致力于实现预期目标的活动的过程。

第三,领导是一种变革的力量,而管理则是一种程序化的工作。

第四,管理的权力建立在合法性权力和强制性权力的基础之上,而领导的权力既可以建立在合法的、强制性的权力基础上,也可以建立在个人的影响力和参照性权力等基础上。[1]

【案例分析】

作为五团团长,与同级别的干部相比,虽然王耀南只是多了一个工兵主任的兼职,但其所负责工作的重要性和强度却要远胜于他们。可以说,不同于其他团长的管理任务,王耀南所负责的推广地道战的工作,是一项更为考验领导艺术的任务。

首先,王耀南前来晋察冀边区所要做的,实际上是变革华北平原抗日根据地军民的战斗方式,将原有的地上游击战转变为地下地道战,这是之前未曾有人做过的,其颠覆性不亚于红军长征时期由阵地战转变为游击战的变革。因此,同其他团长偏于程序性的管理工作相比,王耀南的工作需要发挥极大的创造性,而这正是领导的范畴。

其次,对军区根据地的村落进行地形改造,同平日的行军打仗相比,更需要老百姓的协作,而且地道战和地雷战的开展,也只有军民联防才能实现,这不仅是因为地道要在老百姓家中挖掘、涉及老百姓的财产,而且是由地道战本身"充分动员群众才能发挥最大威力"的特性所决定的。因此,王耀南的工作,并不是扎在军事工作里,而是需要更多地同群众打交道,充分实现对群众的动员,这已经不是一般性的管理所能做到的。

最后,在地道战、地雷战的进行过程中,民兵发挥了很大的作用。民兵李勇甚至组织了几十个当地的乡亲,利用王耀南的地雷战术击杀了130多个日本正规军士兵,强于不少正规军。很显然,民兵作为村里自己的武装,本来并不在王耀南正式权力的管辖范围内,而之所以能接受王耀南的动员、灵活运用王耀南的战术,离不开平日里王耀南个人领导魅力的施展,这也是一般性的管理所做不到的。

2.初来乍到的王耀南是如何在干部之间施展影响力的?

【理论依据】

所谓领导者的影响力,是指领导者影响下属的知觉、信念、态度和行为的能力。除非具备影响力,否则谈不上真正的领导。

领导影响力有两个基本来源:职位权力和个人威信。职位权力是伴随工作岗位的正常权力,是管理者在组织中实施领导行为的基础,没有这种权力,管理者就难以有效地影响所有的下属,难以实施真正的领导。个人威信是指管理者的能力、知识、品德和作风等个人因素所产生的影响力,这种影响力是与特定的个人相联系的,与在组织中的职位没有必然的联系,往往建立在下属信服的基础上,因此,有时也能发挥比正式职权更大的作用。

领导者影响力的基础来自 5 个方面:合法性权力、奖励性权力、强制性权力、参照性权力和专家性权力。职位权力包括了合法性权力、奖励性权力、强制性权力。个人威信则与领导者本身的参照性权力和专家性权力有关。

①合法性权力是来自组织层级的权力,由组织根据具体的职位定义。管理者有权向下级安排工作,拒绝安排的下属可能受到惩罚,甚至被解雇,这样的后果就是源于组织向管理者授予的合法权力。所有的管理者对自己的下属都拥有合法性权力,不过,仅仅拥有合法性权力并不意味着就是领导者,有的下属只遵从严格符合组织规定和政策的命令,如果要求他们做工作之外的事情,他们会拒绝或不好好做,对于这类员工,管理者就要运用权威而不是领导。

②奖励性权力是给予和撤销奖励的权力。管理者控制的奖励包括加薪、推荐升职、表扬认可和灵活的工作安排。一般说来,管理者控制的奖励数额越大、越重要,其奖励性权力就越大。如果下属认为只有正式的组织奖励才有价值,则这名管理者就不是领导者。如果下属还希望得到并且重视管理者的非正式奖励,例如,表扬、赞赏和认可,则这名管理者在运用领导者的艺术。

③强制性权力是最为普遍存在的权力形式。它是指,甲要求乙做某事,乙因受到甲的威胁,虽然不愿做但不得不做。在强制性权力中,可信性是至关重要的。强制性的威胁一旦发出,一定要让受威胁方感到,这种威胁是可行的,是实际存在的。威胁只是使强制力成为一种有效的目标或对行动的遏制,是权力得以生效的保障,这种保障机制只是不得已的最后手段。

④参照性权力是指由对拥有理想的资源或个人特质的人的认同而形

成的权力。参照性权力的形成是由于对他人的崇拜及希望自己成为那样的人而产生的。从某种意义上来说,这也是一种超凡的魅力。如果景仰一个人到了要模仿他的行为和态度的地步,那么这个人对你就有了参照性权力。名人是众所瞩目的焦点,拥有大量粉丝,因此,名人具有较大的参照性权力,这是企业名人做代言人的原因之一。[2]

⑤专家性权力来源于专长、技能和知识。技术的发展在很大程度上决定了世界的发展,专门的知识因此也成为权力的主要来源之一。工作分工越细,专业化越强,目标的实现就越需要专家的力量。

【案例分析】

初来乍到的王耀南,能在干部之间迅速建立起威信,离不开其出色的领导力,而这又基于其在 5 个方面的影响力。

(1)合法性权力。王耀南是晋察冀军区司令员聂荣臻亲自前往山西邀请前来推广地道战的,受到军区领导的高度重视,且拥有五团团长兼军区工兵主任的正式职位,而不仅仅是专家顾问。

(2)奖励性权力。王耀南明确要求官兵在安置地雷时标明埋雷的具体位置、注明负责的人员,以便以地雷爆炸的情况作为立功受奖的依据,并明确责任到个人。在这种制度安排下,五团官兵乐于埋雷杀敌,作战的积极性有所提高。

(3)强制性权力。王耀南在各村落开展地形改造工作期间,发现一些干部并未集中精力于地道挖掘,而是打探军区主力是否要撤出冀中,于是便对这些人给予了严肃批评,并警告他们若不搞好地道改造工作,必将严惩不贷,在这一过程中王耀南所动用的就是强制性权力。此外,后续在推进村落地形改造的过程中,王耀南多以军区名义颁布行政命令约束村民行为,所体现的也正是这一权力的影响。

(4)参照性权力。王耀南是参加过长征的老红军,早年间利用工兵专长屡建奇功,受到过毛泽东、彭德怀、陈毅、刘伯承、谭政等党的领导人的嘉奖,1939年就被授予"民族英雄"证章,在党内早已是明星式的人物。再者,王耀南在冀北发明了几种新型低成本地雷,并成功解决了军区有关日军探雷器的难题,展现了其专业能力,赢得了大家的尊敬和赞扬。此外,在冀北开展地形改造期间,鉴于地雷误炸老百姓的教训,王耀南坚持要求各部队只有接到准确情报才可在敌人行进前方安装地雷击发装置,不可提前拉开保险,以免误炸群众,一时传为"不见鬼子不拉弦"的佳话,在干部和群众中也赢得了威望。

(5)专家性权力。王耀南出身"鞭炮世家",自幼便学习与黑火药相关的制造技术,并有着在煤矿矿井下当爆破工的经历,熟谙坑道掘进和爆破。参加革命后,他师从红军大学的工兵主任教员何迪宙,长期作为工兵活跃在战场一线,前来晋察冀军区前就已成功组织过多次地道战和地雷战,是经验丰富的工兵专家,拥有较大的专家性权力。王耀南在破解日军探雷器的过程中,也向干部们展现了其优秀的专业素养和丰富的知识储备,赢得了干部们的信赖。

3. 基于领导行为理论,分析王耀南在多个村庄开展地形改造的过程中采用了怎样的领导方式。并结合费德勒的权变领导理论,分析他采取这种领导方式的合理性。

【理论依据】

(1)领导行为理论。领导行为理论是研究领导者的行为及其结构、组成要素与领导有效性的关系的理论。虽然研究者在表述方式上存在差异,但在领导行为理论假设的两个基本行为因素——任务导向和员工导向上则达成了共识。从本质上来讲,研究者试图找到一个通用的领导理论以阐明某些领导行为在任何情况下都是有效的。

任务导向即"关心任务",是指以生产或者工作为中心。为了实现既定目标,领导者为自己规定的任务包括机构设置、制定规划、确定目标、明确责任和沟通渠道等。

员工导向即"关心人",是指以人际关系为中心。为了实现既定目标,领导者为自己规定的任务包括与下级建立互相信任的关系、尊重下级的意见、注重下属的感情等。[1]

(2)权变领导理论的内涵(领导艺术)。所谓的领导艺术是指领导者在领导活动过程中,创造性地把领导思想、原则和领导方式、方法用于领导工作实践的表现形态。适当的领导行为随情境的不同而不同,即领导权变理论的主要观点。权变理论的目标是找到关键的情境因素,研究它们是如何相互作用决定着适当的领导行为的。主要的代表性理论有:费德勒的领导权变模型、豪斯的路径—目标理论等。

领导权变理论就是把领导者个性,工作任务的性质,被领导者的期望、需要、成熟程度,以及工作环境等方面的因素加以综合研究来探讨领导有效性的理论。所谓权变,简单地说就是指权宜应变,即因时、因地、因人而变通。领导权变理论,是指以系统论的观点为依据,研究领导者如何根据所处的内外部环境可变因素的性质,在变化的条件下提出最适合于具体情境的领导方式和领导活动的一种理论,即有效领导取决于领导者、被领导者及领导环境之间的权变。[1]

(3)费德勒的权变领导模型。费德勒提出的权变领导模型,是第一个真正的领导情景理论。此理论认为,不存在一种适用于一切情境的唯一的最佳的领导风格,各种领导风格只有对应于不同的情境才最有效。

费德勒把领导方式假设为两大类:以人为主和以工作为主。一个领导者如果对其最难共事的同事都能给予好的评价,就被认为是对人宽容、体谅,注重人际关系和个人威望,以人为主的领导;如果把最难共事的同事批评得体无完肤,则被认为是惯于控制和命令,只关心工作的领导者。

领导者行为的两个维度,即关心人和关心组织,并不是绝对对立的,这两种方式的管理行为是否有绩效还视具体情境而定。费德勒认为,一个管理者采取某一领导方式的效果如何,更重要的应取决于他所处的情境顺利与不顺利的程度。他认为,影响管理效果的情境因素主要有 3 个方面:

第一,上下级关系,即管理者同组织成员的相互关系,也就是领导者受其团队成员喜爱、信任和乐意服从的程度。研究表明,这是情境因素中最重要的因素。一般说来,一个组织的成员对其管理者信任、喜爱或愿意追随的程度越高,则管理者的权力与影响力就越大。

第二,工作结构。这一因素可用明确(+)和不明确(-)为指标进行测量。测量方法为等级评定法,内容包括:工作目标的明确度,即团队的每一个人是否了解工作所需的条件是什么;通往目标的途径的多样性,即是否有实现目标的多种途径;解决方案的正确性,即是否有独特的、正确的解决问题的方案;结果的可验证性,即决策结果的效度。在工作结构因素中,还包括训练与经验的作用。

第三,职位权力,即管理者所处的职位赋予其的权力,包括领导有无雇用、辞聘、奖惩被领导者的权力,所担任的职位是长期的还是短期的,任期有多长,上级与组织是否支持他的威望,等等。测量方法是采用标准问卷,实行等级评定法。

费德勒认为,在这 3 种情境因素中,上下级关系最为重要,它重于工作结构与职位权力。因此,在这 3 种情境因素组合时,首先应看领导者与被领导者的关系是好还是差,再看其他 2 个因素。此外,费德勒根据这 3 种因素的不同组合,把领导者所处的情境共分为 8 种类型。不同的管理方式与情境 3 因素组成的 8 个类别之间的关系,其结果如表 1 所示:[1]

表 1 费德勒权变领导模型

管理方式与情境因素	状况							
领导者与职工的关系	好	好	好	好	差	差	差	差
任务结构明确与否	明确		不明确		明确		不明确	
领导者的岗位权力	强	弱	强	弱	强	弱	强	弱
有效领导方式	任务	任务	无资料	关系	关系	不确定	不确定	任务
对情势的控制力	高度			中度			低度	

【案例分析】

(1)在推进各村庄开展地形改造的过程中,在视察各村庄后,王耀南将反馈意见上报冀中军区,主要依靠冀中军区领导的职权和权威,采取以军区名义下达行政命令的方式,来推广地道改造,而并没有注重与基层干部、村民之间人际关系的培养,是十分显著的任务导向型的领导方式。

(2)王耀南为何采取这样的领导方式,主要基于三方面的因素:

首先,无论是王耀南作为技术专家为破解日军探雷器所做出的贡献,还是他"不见鬼子不拉弦"的命令,乃至他对保全民众财产的重视,不仅让自己在干部之间建立了威信,也在冀北民间树立了一个良好的形象,冀北各根据地的干部也因此才能与民众关系融洽。

其次,王耀南在完成了对定县的考察后,心中已经基本形成了开展平原地形改造的具体思路,并在进一步视察后了解了各村庄既有地道的优劣势,能够针对不同村庄因地制宜地提出合适的改造方案,可谓是胸有成竹,冀北根据地的地形改造任务结构也因此变得十分清晰。

最后,王耀南作为五团团长兼军区工兵主任,有着足够强的正式权力来动员村庄的基层干部们执行改造任务。而对于普通民众乃至民兵,王耀南则并不具备直接的管辖权,职位权力乃至直接的影响力要弱许多。

基于费德勒的权变领导模型,领导环境分为领导者与被领导者关系、工作任务结构、领导者职位权力这3个因素,相对而言,每个因素都存在着好与坏的情况。在地形改造的过程中,对于作为领导者的王耀南和作为被领导者的基层干部而言,领导者与被领导者关系融洽程度高,工作任务结构清晰程度高,领导者的职位权力强度也相对较高,此时任务导向型是有效的领导类型;而对于作为领导者的王耀南和作为被领导者的普通村民而言,关系融洽程度同样较高,工作任务结构同样较清晰,只是领导者的职位权力的影响力相对较低,但有效的领导类型依然是任务导向型的领导方式。

因此,对王耀南来说,在开展村庄地形改造这一情境下,采取任务导向型的领导是有效的方式。

4.结合领导生命周期理论模型,分析王耀南在与以李勇为代表的民兵打交道的过程中,采用的领导方式有怎样的变化,这样的领导方式又与王耀南在指导村民开展地形改造时所采取的有何不同,为什么。

【理论依据】

(1)领导生命周期理论。领导生命周期理论即情境领导模式理论。以往的领导理论通常重视研究领导者本身,而忽略对领导的对象——下属的研究,保罗赫塞在20世纪60年代率先提出了情境领导模式理论。

情境领导模式理论认为,在领导和管理公司或团队时,不能用一成不变的方法,成功的领导者要根据下属的成熟度选择合适的领导方式。所谓成熟度,是指人们对自己的行为承担责任的能力和愿望的大小。它取决于两个方面:任务成熟度和心理成熟度。任务成熟度是相对于一个人的知识和技能而言的,若一个人无须别人的指点就能完成其工作,那么,他的工作成熟度就是高的,反之则低;心理成熟度是指做事的愿望或动机,如果一个人自觉地做事,无须外部的刺激,其心理成熟度就高,反之则低。此外,情境领导模式理论也将领导行为划分为工作行为和关系行为 2 个维度。

工作行为、关系行为与成熟度之间并非一种直接关系,而是一种曲线关系,如图 2 所示。

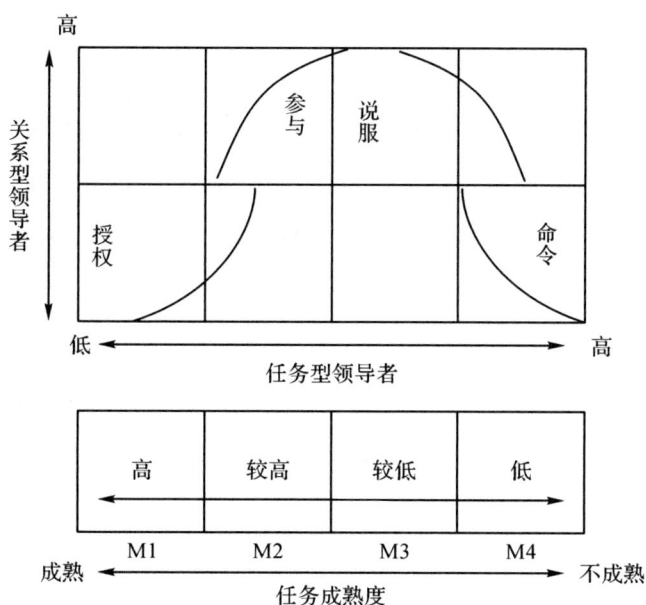

图 2　领导生命周期理论模型

针对员工在特定工作下从不成熟逐渐转向成熟,情境领导模式将其成长过程分为 4 个阶段:

第一阶段,下属缺乏接受和承担任务的能力和愿望,他们既不能胜任工作又缺乏自觉;

第二阶段,下属愿意承担任务但缺乏足够的能力,他们有积极性但没有完成任务所需的技能;

第三阶段,有能力,但没有足够的积极性;

第四阶段,下属有能力,并且有意愿去做领导要他们做的事。

与员工的发展阶段相对应的是4种不同的领导类型：

第一种为低关系、高工作(教练型领导)，向员工解释工作内容及工作方法，同时继续指导员工完成任务；

第二种为高关系、高工作(指令型领导)，对员工的角色和目标给予详尽的指导，并密切监督员工的工作成效，以便对工作成果给予经常的反馈；

第三种为高关系、低工作(支持型领导)，领导者和员工共同面对问题，制定解决方案，并给予鼓励和支持；

第四种为低关系、低工作(授权型领导)，提供适当的资源，完全相信员工的能力，将工作任务交由员工全权负责，并独立作业。

将员工的工作状态和领导类型两相对照，就是一个完整的情境领导模式了。4种领导形态没有优劣之分，一切依情境而定，唯有领导者的领导形态能与员工的发展阶段相配套时，领导者的领导才能够有效。

使用情境领导模式可以帮助领导者理解领导与管理的差异；根据4种领导类型进行自我诊断，改变一刀切的传统管理模式，促使员工差异化管理意识的形成。[2]

【案例分析】

(1)在早期开办训练班的过程中，王耀南对以李勇为代表的民兵采取的是高关系、低工作的支持型领导方式；而在之后作战的过程中，王耀南对民兵则转为了低关系、低工作的授权型领导方式。

王耀南在阜平开设训练班时，坚持让民兵与干部们一同旁听，并且在上课的过程中，王耀南顺着李勇的提问有意地开了好几个玩笑，调动起了课堂气氛，属于注重人际关系培养的高关系的领导方式。在这一过程中，作为领导者的王耀南与作为被领导者的学员们，融洽地共同探讨提前埋雷的问题，可以认为王耀南采取的正是高关系、低工作的支持型领导类型。

而之后遭遇日军、开始反扫荡作战时,王耀南恰巧遇到李勇带领民兵队向其要地雷用,王耀南丝毫未犹豫,直接让李勇任取地雷,想拿多少就拿多少,并且未对他们的作战计划多问,等于是向民兵队提供资源,让他们自主地利用这些地雷抗击日军,因此可以认为这时王耀南所采取的是低关系、低工作的授权型领导类型。

(2)基于情境领导模式理论,分析王耀南对民兵队所采取的领导方式的变化的合理性。

情境领导模式理论认为,领导者在领导团队时,不能采取一成不变的方法,而应当根据下属的成熟度选择合适的领导方式。

王耀南在阜平开设训练班时,遇到提出俏皮问题的李勇,立马对这个小伙有了一定的认识:首先便是这个小伙很机灵,其次是他对抗击日军有很强烈的积极性和求知欲,这便是情境领导模式理论中的"较高的心理成熟度"。然而李勇毕竟还是非专业的民兵,误把日军的小休息时间当作日军会定时小便。从管理学的视角来看,这说明李勇的任务成熟度较低,不过总的来看,李勇是一个拥有较高成熟度的被领导者,在这种情况下,王耀南采取支持型领导方式是比较合适的。

而在之后对日军作战时,他主动来向王耀南要地雷,说明他抗日热情高涨,心理成熟度仍然较高;此外经过在训练班的长期学习,李勇也已经掌握了一定的地雷战、地道战的作战技巧,这也能从他之后的作战表现中体现出来。王耀南作为训练班老师,想必对这一点也是十分了解的,因此,不同于过去,此时的李勇已经同时具备了较高的任务成熟度,即作为被领导者的李勇,其成熟度已经有了进一步攀升,在这种情况下,王耀南所采取的授权型领导方式是一个有效的选择。

(3)再基于情境领导模式理论,分析王耀南在村庄开展地道改造时所采取领导方式的合理性。

王耀南针对民兵先后所采取的分别是支持型领导和授权型领导的领

导方式,而先前在各村落开展地道改造时,王耀南则采取的是低关系、高工作的教练型领导方式。基于情境领导模式理论我们可以认识到,王耀南先前之所以采取这种领导方式,是与作为被领导者的村民和基层干部的成熟度息息相关的。

王耀南在完成了对多个城镇的视察后,不仅发现许多村落既有的地道存在很多问题,还发现许多基层干部和村民都存在着侥幸心理,把时间花在了农忙和作战上,而未意识到地道改革之于冀北抗日的重要性。我们据此可以判断,在王耀南开展地形改造时的这些基层干部和普通村民,其任务成熟度和心理成熟度都是比较低的,基于情境领导模式理论,对于成熟度很低的被领导者,采取低关系、高工作的教练型领导方式是比较合适的。

5.王耀南和根据地军民协同推进了华北地区地道战的开展,这一过程具体体现了怎样的精神?

【案例分析】

本案例体现了"地道战精神",这一精神在案例每一小节的标题中都有所概括:

(1)机智灵活、勇于挑战、敢为天下先的创新精神。王耀南利用其在红军大学获得的知识储备和多年实战的经验积累,创造性地发明了两种能防探雷器的地雷;民兵李勇带领民兵队灵活运用地雷战、地道战、麻雀战战术打击敌人,以少胜多,创造了经典战例……这些都体现了机智灵活的创新精神。

王耀南所肩负的改造冀北地区地形的任务,对于扭转华北地区战局有着重要意义,富有挑战性、独创性,这是勇于挑战、敢为天下先的创新。

(2)大公无私、甘于奉献、不怕牺牲的忘我精神。王耀南来到冀北后，虽然身上负有旧伤，却仍不顾辛劳地来回奔波，甚至不顾危险，前往日军重兵盘踞的定县视察，无时无刻不在为华北地区地道战的开展而鞠躬尽瘁、谋划布局；以李勇为代表的民兵，面对日军的步步紧逼，腾出时间在训练班学习各种战术，之后更是在日军大扫荡时向王耀南主动请缨、一战退敌……这些都体现了大公无私、甘于奉献、不怕牺牲的忘我精神。

（3）干群一致、协同奋战、合力攻坚的团结精神。对于根据地军民面临的探雷器问题，干部们及时向王耀南反馈，并最终得到了很好的解决；看到"蛤蟆蹲"这一来自群众智慧的产物，王耀南才萌发出了地道战的想法；在王耀南的动员下，华北地区各根据地的村民和干部们放下手头的工作，投身于地形改造的任务中，解决了地形改造中的诸多难题；王耀南与以李勇为代表的民兵，在训练班上探讨战术，在战场上配合杀敌，合力击破敌军大扫荡的图谋……这些都体现了干群一致、协同奋战、合力攻坚的团结精神。

（4）坚忍不拔、百折不挠、勇往直前的拼搏精神。无论是王耀南对华北地区开展游击战争的苦苦思索，还是军区干部对根据地群众问题的悉心反映，乃至村民们为抗击敌人而暂且搁置农活，以及民兵们耐心学习战术以求上场杀敌，他们在各自拼搏的过程中都遇到了许多难题，但最终都凭借着顽强的意志力将其一一克服了，这体现了坚忍不拔、百折不挠、勇往直前的拼搏精神。

综上所述，王耀南和根据地军民协同推进了华北地区地道战的开展，这一过程体现了创新、忘我、团结、拼搏的"地道战精神"。

（五）背景信息

1937年10月，东北军第五十三军第六九一团团长吕正操在晋县誓师抗日，并改称人民自卫军，与孟庆山领导的河北游击队等抗日武装积极开展游击战争,至 1938 年 4 月,河北相继建立了 38 个县的抗日政权。1938 年 5 月 3 日,冀中军区正式成立。至此,东起津浦路、西至平汉路、北起平津、南至沧(县)石(家庄)路之间的冀中根据地初步建立起来,并成为晋察冀边区抗日根据地的重要组成部分。

冀中是个大平原,开展地上游击战不易,开展地道斗争比较早。地道斗争最初是在距离敌人据点较近、受敌人骚扰最厉害的村庄产生的,像定县、蠡县,靠近保定,饱受敌人的残害,所以发展较早。最初的地道,是一个被群众称为"蛤蟆蹲"的简单的防身洞,这是群众在自己家里的灶底、炕底,或者庭院中隐蔽的角落,所挖掘的秘密地洞,这种地洞虽能藏人防身,但构筑简单,容易被发现。

随着斗争形势的严峻,群众逐渐把地洞加以改善,使洞与洞连接起来,即所谓"院院相连""户户相通""村村相通",形成了初具规模的村落地道网。正式的地道首先在蠡县、定县等地出现,此后在被敌人"蚕食"的地区迅速推广。

1941 年百团大战后,在党中央的指挥下,以王耀南、旷伏兆为代表的共产党人,基于河北各根据地已有的地道进行改造以适用于地道战。此外,他们在冀中推广地道战术,同地雷战术、麻雀战术一起,成为抵抗日军扫荡的制胜法宝。将一马平川的冀中变成了壁垒森严的战场,这是中国人民的智慧体现。

(六)关键要点

(1)理解领导和领导者的内涵,掌握领导和管理的区别。

(2)掌握领导影响力的来源,了解组织中权力运用的结果。

(3)了解西方领导理论的演进历程,理解领导素质理论和领导行为理论的内涵。

(4)理解费德勒权变领导理论和领导生命周期理论,掌握权变领导理论的内涵。

(七)课堂计划建议

本案例可以用于专门的案例讨论课,整个案例的课堂时间控制在 90 分钟以内。

课前计划:将案例正文发给学生,提供启发思考题,请学生在课前完成正文阅读和初步思考。

课中计划:

课堂前言(10 分钟)。授课教师可以结合正文中的案例背景介绍抗日战争进入相持阶段的情况,简单介绍当时华北根据地所面临的困境及王耀南其人。同时,播放老电影《地道战》《地雷战》选段或地道战相关曲目,营造课堂氛围,并让学生对地道战形成一个基本的认识。接着可以通过提问引出案例,常见提问:为什么地道战是华北平原抗日的制胜法宝?由此引入王耀南奔赴冀北开展地道战的案例。

小组讨论(25 分钟)。将学生分为 4 个小组,分别就"破'照妖镜'""观'蛤蟆蹲'""动员村民""领导民兵"4 段情节展开讨论,要求梳理出各情节发展中的主要事件,概括王耀南在其中发挥的作用,并讲讲从哪些方面体会到了红色精神,各组派代表发言概括。梳理完毕后,授课教师给出思考题供各组讨论。"破'照妖镜'"组讨论思考题一,"观'蛤蟆蹲'"组讨论思考题二,"动员村民"组讨论思考题三,"领导民兵"组讨论思考题四。授课教师随机抽取各组的同学总结本组的讨论结果,再由组内其他成员做补充。

案例分析讨论(40 分钟)。授课教师根据板书 1 简单回顾案例内容,围绕思考题逐步提出问题与学生讨论。

①"破'照妖镜'"部分:王耀南为何能在干部间快速建立起威信?团内

官兵"一提到埋地雷,总是像过年一样高兴"体现了王耀南怎样的权力运用的结果?

②"观'蛤蟆蹲'"部分:在即将开展的工作中,王耀南有着怎样的身份特点? 王耀南承担的工作有着怎样的性质? 同一般干部相比,王耀南的工作有何特殊之处?

③"动员村民"部分:王耀南在动员村民的过程中采取了怎样的领导方式? 基于费德勒权变领导理论分析这一领导方式的合理性?

④"领导民兵"部分:从王耀南同民兵接触的过程,你体会到了他怎样的魅力? 王耀南与村民、民兵接触,前后行为存在差异主要体现在哪些方面? 基于领导生命周期理论,分析这种差异的合理性。

授课教师基于以上问题引出对应的理论知识,引导学生结合案例情节进行分析与讨论。

案例总结(15分钟)。授课教师对案例的知识要点进行整体总结,将案例情节、思考题与对应的理论知识进行回顾,加深学生对案例模型的理解。

黑板计划如下:

板书 1

领导及领导者的定义

领导是引导和影响个人或组织在一定的条件下,跟随实现组织目标的行动过程。领导者是指承担领导责任、负责实施领导过程的个人或群体。

领导与管理的区别

(从四点做答,案例分析中已注明)

领导影响力的来源

领导影响力有两个基本来源:职位权力和个人威信。

板书 2

领导行为理论

领导行为理论是研究领导者的行为及其结构、组成要素与领导有效性的关系的理论。

权变领导理论

(1)费德勒权变领导模型。

(2)领导生命周期模型。

"地道战精神"

创新、忘我、团结及拼搏。

(八)相关附件

1."地道战精神"

内容:"地道战精神"是抗日战争时期由华北平原军民在抵御日本侵略者扫荡的过程中所发展出来的,主要体现为:机智灵活、勇于挑战、敢为天下先的创新精神;大公无私、甘于奉献、不怕牺牲的忘我精神;干群一致、协同奋战、合力攻坚的团结精神;坚忍不拔、百折不挠、勇往直前的拼搏精神。

提出背景:地道战是在抗日战争时期,在华北平原上抗日军民利用地道打击日本侵略者的作战方式。从保定清苑的冉庄开始,经过不断发展,从单一的躲藏的洞成了能打能躲、防水防火防毒的地下工事,并逐渐形成了房连房、街连街、村连村的地道网,内外联防,互相配合,打击敌人。[4]

2.王耀南生平[3][5]

王耀南(1911 年—1984 年 11 月 3 日),中华人民共和国开国少将,江西萍乡人。1927 年参加革命,1930 年加入中国共产党。参加了土地革命、抗日战争、解放战争、抗美援朝战争等。中国人民解放军工程兵的创始人之一,有"工兵王""地雷王""爆破王"等称号。1955年被授予少将军衔。1984年11月3日去世,享年73岁。

1911年,出生于江西省萍乡市上栗区的一个"鞭炮世家",从小就学会了制造黑火药和鞭炮,了解烟花技术。

1921年起,到安源煤矿工作,和父亲、祖父在矿井下当爆破工,是坑道掘进和爆破的行家里手。

1922年4月,参加共产党领导组织的中国第一个儿童团安源儿童团。9月,在安源参加共产党领导的安源煤矿工人大罢工。

1925年9月,在纪念安源罢工3周年时,带领儿童团参加与反动政府的斗争,被镇压。在该事件中,矿工领袖黄静源惨遭受害,史称9月惨案。矿工们手捧着黄静源烈士的血衣,王耀南将它撕成布条,分给大家,系在脖子上,继续斗争。

1927年9月11日,安源矿工参加毛泽东组织的秋收起义,王耀南担任工农革命军第一军第一师第二团爆破队副队长。9月29日,工农红军第一师三湾改编后,王耀南任班长。10月,跟随毛主席上井冈山。

1930年3月,王耀南加入中国共产党。6月,王耀南组建红一军团工兵连。

1937年8月,王耀南任一一五师工兵主任。1939年,任一二九师工兵主任。

1941年,任八路军晋察冀军区工兵主任,推广地雷战战术,后在晋察冀军区提出地道战战术,以保障抗日军民在大平原地区立住脚;同时,兼五团团长,在平汉线袭扰日军,牵制日军对根据地腹地的扫荡。

1942年3月20日,冀中军区根据其要求发出训令,命令冀中军民挖地道开展地道战。

1947年4月,刘少奇、朱德率中央工作委员会到达晋察冀军区,其负责为中央工作委员会选住址,建议选建屏县(今平山县)西柏坡村,此处有山有水有川,远离交通干线,隐蔽安全,有群众基础,生活条件较好,适合总部大队人马居住。后来他负责挖防空洞和修建房屋。11月,负责用坑道爆破的战术攻打运城,以后又用此法攻打临汾、太原。

1951—1952年,任绥远军区参谋长,到朝鲜负责解决志愿军的防空和防重炮问题,提出坑道战的战术,解决了志愿军的防空和防重炮的问题。

1960年,任解放军工程兵司令部副参谋长。1970年,担任工程兵司令部副司令员。

1984年11月3日6时25分,心脏停止了跳动。

(九)参考文献

[1] 郝云宏,向荣.管理学[M].北京:机械工业出版社,2013.

[2] 陈力田,盛亚,申作青.企业领导学[M].北京:高等教育出版社,2019.

[3] 地道战精神[EB/OL].[2021-04-01].http://www.12371.cn/special/zgjs/ddzjs/.

[4] 王耀南.王耀南回忆录[M].北京:中共党史出版社,2011.

[5] 王耀南[EB/OL].[2021-04-01].https://baike.baidu.com/item/%E7％8E％8B％E8％80％80％E5％8D％97/2293091?fr＝aladdin.

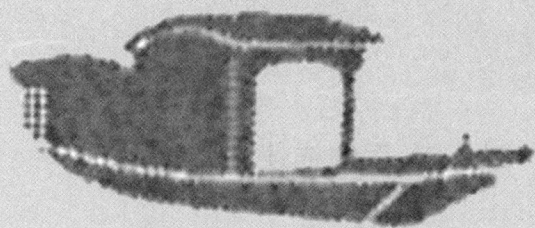

第二部分

变革篇

拥抱时代，艰苦创业

——破岭耕不休：宗庆后的奋斗之路

一、案例描述

（一）引　言

2020 年因新冠肺炎疫情的发生而不平凡，创业者面临的挑战前所未有。同年 8 月 28 日，为期 2 天的第六届全球创业者大会(杭州站)如期进行，大会在线上线下共吸引了超过 13 万名企业家与创业者参与，探讨新时期下的创业想法，杭州娃哈哈集团有限公司(以下简称"娃哈哈")、朵女郎、永和豆浆等知名企业的领导者纷纷共享创业与经营管理经验。作为传统品牌领跑者，娃哈哈自创立至今在市场上占有举足轻重的地位，吸引了不少与会者的目光，董事长宗庆后也是许多创业者的榜样，其创业经历、管理经验及娃哈哈今后的发展成了大会的焦点。在发言时，宗庆后分享了和娃哈哈的故事，其中"体验＋服务"的品牌理念更是赢得了听众的认可。看着热情高涨的听众，宗庆后不禁回想起了曾经那段难忘的岁月……

（二）艰苦奋斗的老黄牛

1945 年 11 月，宗庆后出生于江苏宿迁。虽然贵为南宋抗金名将宗泽之后，但宗庆后出生不久后便家道中落，全家于 1949 年迁至浙江杭州，靠母亲工资度日。为减轻家庭负担，宗庆后中学毕业后便独自外出打工，先后在马目农场、绍兴茶场等地从事艰苦的劳作。虽然工作劳累，但他毫无怨言。闲暇时对毛泽东思想的学习与吸收，使他拥有了受用一生的自力更生、坚忍不拔、勤奋肯干的宝贵品格。

1978 年,由于母亲退休,在外务工的宗庆后回到杭州,却因为文化程度低而无法顶替母亲教师的职位,只能担任一名校工。1987 年,改革开放进行时,解放思想的浪潮席卷大江南北。42 岁的宗庆后与 2 位退休教师合作,靠着借来的 14 万元承包了杭州市上城区校办企业经销部(即娃哈哈前身)。办公场所是借来的,平时他们就骑着三轮车穿梭在杭州大街小巷叫卖文具、冰棒和饮料等物品,这些物品的利润只有几厘钱。有一次为了发煤炉子需要的爆米花,宗庆后甚至不惜和兄弟单位吵架,也只是想省点钱。即便如此艰辛,宗庆后也从未想过放弃,创业的困难早就料到,而青年时期艰苦的工作经历更让他深深懂得艰苦奋斗、不言放弃是解决这些困难最好的方法。凭借着这种精神,宗庆后仅用 1 年便收获了 10 多万元的利润。1988 年经销部开始为别人加工口服液,由此引进的生产线成了日后成功的关键因素。彼时,在实际工作过程中,宗庆后发现许多儿童身体瘦弱,在调研中更是发现很多家长都在为自己孩子营养不良而焦虑,这一现象让宗庆后敏锐地嗅到了商机。1989 年,杭州娃哈哈营养食品厂成立,宗庆后出任厂长,主要业务是开发和生产儿童营养液。为此,宗庆后几次拜访浙江大学营养学系教授,积极参与开发,最终研发出了针对儿童不愿意吃饭导致营养不良的全天然配方营养液,并且得到了良好的效果。将其广告语打出后,一时间产品供不应求。1990 年,成立只有 3 年的食品厂销售额突破亿元,利润超过了 2000 万元,迅速完成了原始积累,曾经一度濒临破产的经销部一跃成了浙江省纳税大户,宗庆后用自己艰苦奋斗的老黄牛精神成功创造了一个民营企业的传奇。

（三）创新发展的拓荒牛

1991 年对宗庆后和娃哈哈来说,是具有浓墨重彩意义的一年。这一年娃哈哈领导层不顾工人反对,斥巨资兼并濒临破产的国有杭州罐头厂,并仅用 1 年时间带领杭州罐头厂扭亏为盈,实现了规模化经营,迈上了飞速发展的台阶。此后娃哈哈积极探索创新之路。对标竞争对手乐百氏,推出具有 6 种口味的果奶产品,年销售额为 1 亿多元;开发八宝粥、银耳燕窝等罐装食品,以及百花露酒等酒类产品,将目标顾客群扩大至成年群体。随着 AD 钙奶、娃哈哈瓶装水的推出,宗庆后在产品创新上不断与时俱进,扩大娃哈哈的产品家族。2006 年,娃哈哈与合作了 10 年之久的法国达能产生纷争,虽然最终双方和解,但宗庆后敏锐地感受到企业核心竞争力的重要性。为了提高竞争力,娃哈哈开始了多元化的创新尝试。营养快线、爽歪歪、呦呦奶茶等品牌的推出,进一步巩固了娃哈哈在食品饮料行业的地位,同时娃哈哈也进军了医疗保健品行业、童装行业等,拥有丰富的子品牌。

随着品牌种类的增加和在快消市场份额的提高,娃哈哈原有的代销模式与渠道管理已无法满足其在全国范围内的发展。当个体经济逐渐发展起来,宗庆后在市场分析的基础上,创新性地提出了一种新的营销管理模式,即后来被哈佛商学院选为经典案例的"联销体商业模式",即利用保证金制度,让一级经销商预付款项,娃哈哈方发放产品,一级经销商在拿到产品后向二级经销商收取预付款,以此类推,同时对经销商进行淘汰制,未完成规定销售数量的经销商会被动态淘汰。在区域责任制下,娃哈哈明确了全国各地区的各级经销商的责任,这不仅降低了经销商的串货风险,为企业提供了源源不断的现金流,还极大提高了娃哈哈对自身供应链的监控能力。

对于娃哈哈的成功,宗庆后并没有沾沾自喜,伴随着时代发展,他始终有着一份危机感,保持着对创新的敬畏感。宗庆后清楚,企业的生命力在于其创新能力。首先要敢想,如果想都不敢想,就肯定不会去创新,但是想出来以后,要用科学的态度对待创新,而且还要脚踏实地,要不断奋斗、努力才能达到创新的效果。每次涉足新的产业就好比一次新的创业,在没有基础的情况下先小规模尝试,在实践当中修整,小步快跑。娃哈哈在这种勇于开拓的企业精神的领导下,不断进军奶粉、教育、服装等新领域,并始终以平常心对待成败。其中在高新技术领域,娃哈哈不仅与海外高校合作成立创新实验室,还自主研发生产线。在创新精神与工匠精神的融合下,娃哈哈成了国内食品饮料行业唯一具备自行设计、自行安装调试设备能力的企业。

（四）为民服务的孺子牛

光阴荏苒,从 42 岁白手起家到成为富甲一方的浙商代表,宗庆后并未忘记初心,一直记得青年时期的经历,更知道人民的艰辛。2003 年至 2017 年期间,宗庆后连续多次当选全国人大代表。相对于富豪头衔,他更注重人大代表的身份,认为做人大代表就应该代表人民的利益。宗庆后热衷调研,通过实地接触不同阶层、不同领域的人发现问题、寻找问题。本着"作为一个全国人大代表,我有责任把他们的希望、要求反映出来"的态度,宗庆后共向全国人民代表大会提交了涉及政治、经济、民生等领域的 197 件与人民息息相关的议案、建议,其中很多都得到了采纳,得到了推进,从而有效地推动了社会进步。

俯首甘为孺子牛。作为一名中共党员,宗庆后时刻谨记党员义务。成为知名企业家之后,他不仅以身作则,积极报效国家,还认为自身是改革开放的受惠者,需要承担更多的社会责任,并为娃哈哈确立了"凝聚小家发展大家报效国家"的经营哲学。在"健康你我他,欢乐千万家"的企业宗旨下,娃哈哈于 2009 年成立浙江省娃哈哈慈善基金会。秉承着"产业报国,泽被社会,让爱无所不在"的宗旨,自成立至今,该慈善基金会在助学、助孤、助残、贫困地区义务教育等方面发挥了不可磨灭的作用:在地震灾区,娃哈哈第一时间捐赠物资;在贫困地区,娃哈哈不断兴建希望小学,支援教育。除此之外,资助文化事业、吸纳农民员工、投资西北地区……授人以鱼不如授人以渔,娃哈哈以高效的行动履行了社会责任,切实展现了为人民服务的精神。

（五）尾声

记忆百转，掌声停罢，思绪回转，在发言完成之际，宗庆后抬头看到了大会主题"数字化、产业化、直播化"这几个大字。随着中国消费新时期的到来，市场发展与消费者偏好已发生改变，数字化经济转向红海市场。在竞争不断加剧的今天，娃哈哈作为传统企业的"领头羊"，如何在新时期以积极的姿态迎接挑战，怎样结合数字化科技，让品牌落地，进行线上线下融合建设，颇具挑战性。但想到娃哈哈一路成长的历程，娃哈哈人所具有的自力更生、艰苦奋斗的创业精神，不畏损失、为民服务的精神，以及不惧失败、勇于开拓的创新精神，宗庆后胸有成竹地走了下去……

二、案例拓展

（一）教学目的与用途

本案例主要适用于本科生等的"创业管理""创新管理"课程中有关创新创业及运营管理章节时讨论，也适用于其他层次学生的创新创业教学。

本案例是一篇描述娃哈哈创始人宗庆后奋斗创业的案例，对其创业历程、创新与为民服务的精神进行了细致的陈述，教学目的聚焦于使学生正确、深刻地理解"延安精神"及"延安精神"在管理学中的体现，并将其有效融入企业管理中。

（二）启发思考题

1.宗庆后如何从贫穷工人逆袭为浙商代表？

2.娃哈哈的创新发展之路具有什么特点？

3.假如你是宗庆后，面对数字化挑战，你将采取什么行动？

（三）分析思路

本案例以改革开放前后为时代背景，从企业管理角度出发，结合中国红色精神之一——"延安精神"，思考娃哈哈从一个濒临破产的经销部变为中国最大的食品饮料公司的发展历程；基于娃哈哈创始人宗庆后的创业历程，着重从创业精神和创新精神两方面寻找娃哈哈成功的原因。本案例从创新创业角度出发，遵循"创业者建立企业—企业经营成长中的创新发展—新挑战下企业如何发展"的逻辑，解读了"延安精神"内涵在娃哈哈发展中的作用，同时随着环境变化，分析在新挑战下娃哈哈如何更好地发展。

任课教师可以结合课堂情况，根据自己的教学目标来灵活使用本案例。本案例的分析思路如图1所示，仅供参考。

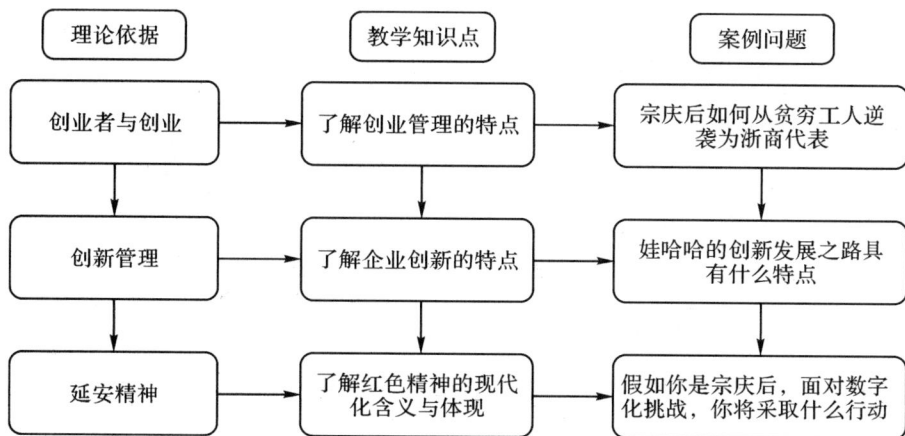

图1　案例分析思路图

（四）理论依据及分析

使用该案例时，教师可能需要用到以下相关理论，并且希望学生掌握相关理论知识，能结合理论对具体情况进行分析。

1.宗庆后如何从贫穷工人逆袭为浙商代表？

【理论依据】

创业管理

第一,创业者与创业。

创业者是指某个发现某种信息、资源、机会或掌握某种技术,并将其以一定的方式转化、创造成更多的财富、价值,并实现某种追求或目标的人。

创业是指在高度不确定的环境中,创业者不受条件限制,组合资源,识别机会,创造价值的过程。除此之外,创业者需要有缜密的思考和高超的领导能力。

第二,创业者态度。

(1)责任心与决心。坚定的创业决心和强烈的责任心是创业者需要具备的第一要素,其可以帮助创业者克服困难并提高相关能力。责任感与决策力通常意味着个人的牺牲,衡量创业者的责任大小涉及以下3个方面:是否愿意把自己的大部分资产用于创业;是否愿意接受较少的薪水;是否愿意在生活和家庭上做出较大牺牲。

(2)领导力。成功的创业者不需要依靠正式权力就能影响他人,他们往往擅长交往和化解冲突,懂得以理服人、以情感人。成功经营企业,创业者必须学会与许多角色相处,不同的角色在目标上常会有冲突,因此创业者要成为一个调停者而非独裁者。

(3)执着于创业机会。成功的创业者都会不停地寻找创业机会,他们的目标是寻求并抓住商机,并将其变成有价值的东西。因此创业者必须能够区分各种创意和机会的价值,抓住重点。

(4)对风险、模糊和不确定性的容忍度。创业的过程充满着高风险及不确定性,一个成功的创业者对模糊性具有良好的容忍度,他们能够保持乐观的态度,通过谨慎分析确定行动战略、计划及控制方法,并能够根据预期目标及时调整自身方向与行动,降低创业风险。

(5)创造适应能力。成功的创业者不满足也不会停留于现状,他们是持续的革新者。真正的创业者会积极寻找主动权,他们喜欢主动解决问题,可以通过创新实现生存与发展,并且有较强的适应力,善于从失败中获取经验,以在将来避免类似的问题发生。

(6)超越别人的动机。成功创业者往往会受到创业意愿的驱动,不断制定更具挑战性的目标。他们能够从创建企业的挑战和兴奋中产生个人动机,不太执着于地位和权力,渴望获取超越他人的成就感。

第三,创业者的社会责任。

没有人能脱离社会而取得成功,承担社会责任不是一家企业做出的选择,而是任何一家企业必须要负起的责任。企业,只有担当起社会责任,才能和世界一起前进、发展,企业家必须履行社会责任,把社会责任的理念实践于行动中,在企业的日常经营管理中对利益相关者负责,对社会经济的可持续发展负责。

第四,创业过程。

创业者在进行创业时经历的活动和行动较多,一般可以分为机会识别和机会开发两大阶段,主要包含6个方面。

(1)产生创业动机。创业活动的主体是创业者,他们往往由于潜在的利益产生创业动机,进而成为一名创业者。

(2)识别创业机会。识别创业机会是创业过程的核心,也是创业管理的关键环节。只有了解机会是否适合创业,创业者才能确定进一步的行动。识别创业机会包含发现机会和评估机会价值两方面。创业者通过分析确定行动。为了有效地识别机会,创业者需要开展人际交往活动,细心观察,从以往的工作和周边的事物中发现问题,看到机会。

(3)整合资源。整合资源是创业者识别机会、成功创业的重要手段。

对于创业者而言,市场可以直接提供的资源较少,因此许多成功的创业者都经历了白手起家的阶段,而整合资源可以帮助创业者系统归纳资源,实现创业理想。

(4)创建新企业或是诞生新事业。新企业的创建和新事业的诞生是衡量创业者创业行为的直接标志。

(5)实现机会价值。整合资源、创建新企业的目的都是实现机会价值和创业目标。对于新创企业来说,创业者不能仅考虑企业短期内的生存,还需要注重为顾客创造更大的价值,实现长久发展。

(6)收获回报。追求回报是创业者进行创业的主要目的。对创业者来说,创业是获取回报的方法和途径,而不是目的。对回报的追求有助于强化创业者对事业的执着,创业者对回报的满意程度很大程度上取决于创业动机。

【案例分析】

(1)宗庆后虽然从小家境贫困,但是早年辛苦工作的经历及对毛泽东思想的学习,使他知道自力更生、艰苦奋斗的重要性,这也是他后来回到杭州能够在经销部默默打拼的原因,也是他能够通过蹬三轮车获利的重要因素。当娃哈哈成立后,宗庆后不浮躁不炫耀,依然不忘初心,努力奋斗。在市场竞争逐渐激烈之际,宗庆后能够与时俱进,通过创新逐渐提高娃哈哈的市场竞争力。当娃哈哈逐渐做大做强后,宗庆后仍然脚踏实地,不上市,不投资房地产,并且始终发挥党员的带头作用,用自己的实际行动为人民服务,做到了真正的从人民中来,到人民中去。

(2)创业者宗庆后积极思考,实事求是,率先发现创业机会。同时,他具有较强的责任心与决心,初创时期困难重重仍能够保持奋斗初心,创业期间的风险与不确定提高了宗庆后对失败的容忍度,通过超越别人的动机激励,最大化自身创造和适应能力。并且在日常经营管理中,他通过表率作用形成自己的领导力,影响了一代又一代娃哈哈人不断奋斗前进。

(3)娃哈哈的成长史也是宗庆后的奋斗史。20世纪80年代处于改革开放盛期,开放理念深入人心。基于此背景,宗庆后产生了创业动机,经过实地调研,交流沟通,判断出了创立娃哈哈的机会价值,并积极付诸行动,最大化地整合了可利用的资源,将昔日濒临破产的经销部变成了盈利千万的企业,实现了创业机会的价值,并在不断的创新发展中,收获了回报。同时,宗庆后积极承担企业家责任,进一步推动了娃哈哈的发展。

2.娃哈哈的创新发展之路具有什么特点?

【理论依据】

创新管理

第一,创新的定义。

创新是指企业家把新构想以商业化的方式引入经济之中,从而给经济带来较大影响或发生较大变革的行为及过程。

第二,创新的基本内容。

(1)观念创新。观念创新是指那些能够更好地适应组织内外部环境变化并可以更有效地利用各种资源的新看法或新构想。观念创新是其他一切创新活动的先导或者基础。观念创新要求人们根据实事求是、一切从实际出发的原则,与时俱进,不断转变对新事物的看法,用体现事物发展的客观规律的新思想、新观念去看待组织发展过程中出现的新情况、新问题,并指导组织的发展。

(2)战略创新。不断调整企业战略,探寻新的企业成长的战略路径是战略创新的主要内容。企业家需要通过分析内外部环境、挑战和机遇及自身优劣势,为企业制定新的经营手段与内容,才能实现企业发展战略的创新。

(3)产品创新。产品创新是指企业为了提高自身竞争力,向市场推出新产品。企业所生产的产品要能满足顾客的需要,不同时期的顾客需求不同,企业必须根据自己服务对象的需要不断进行产品创新。

(4)组织结构创新。组织结构是指组织内各构成要素、部门、单位及相互间发生作用的方式。组织结构受多种因素的影响,这些因素的变化必然要求组织结构不断调整和改革。组织结构创新的目的和要求是充分发挥职工的主动性和创造性,提高管理劳动的效率。

(5)管理创新。管理创新是指为了提高效率而引入的一种新的管理方式或方法,是企业把新的管理要素或要素组合引入企业管理系统的创新活动,以创造出一种新的、更有效的资源整合模式,目的是形成组织所拥有或能支配的资源的优化组合,以充分调动各种资源,最大限度地发挥其潜力。管理创新主要包括管理方法创新、管理工具创新、管理模式创新。

(6)技术创新。技术创新是指组织在生产过程中采用的技术手段、方式和方法的新变革、新突破。组织要在激烈的竞争中胜出,就必须不断进行技术创新,以顺应甚至引导行业的技术进步。技术创新主要体现在要素创新、要素组合方法创新两方面。

(7)市场创新。市场创新是指企业通过自身努力刺激并引导市场需求。市场需求是企业创新的动力,企业只有不断扩展现有产品市场,开辟新的产品市场,才能更好地满足消费者需求。

第三,创新的分类。

根据企业是否依靠自身力量进行创新活动,可以将创新分为自主创新、模仿创新和合作创新。

(1)自主创新。自主创新是指企业通过自身努力进行的创新。自主创新具有以下特点:①技术或制度等方面的关键性突破是依靠自身力量实现的,这是自主创新的本质特点;②自主创新不仅能使创新企业在市场竞争中树立优势,还能为其带来大量的渐进性创新;③具有自主性和专有性。

(2)模仿创新。模仿创新是指企业在市场已有创新利益的影响下,通过合法途径模仿他人的创新思路和成果并进行改进的一种创新形式。模仿创新不是对原产品的仿制,而是在原有基础上进行改进,是一种跟随性的被动创新。一般企业会以已创新成功的企业为模仿对象,在低风险情况下吸取其经验。

(3)合作创新。合作创新是指企业与机构、高校及其他企业一起进行的联合创新行为。合作创新以共同利益为基础,以资源共享和优势互补为前提,合作方互相信任,在创新的全过程或某些环节共同投入、共享成果、共担风险。

【案例分析】

(1)在创新内容方面,娃哈哈主要有以下几个方面的创新。

①观念创新:娃哈哈前身校办企业经销部的业务范围仅限于代销,而宗庆后通过实际调查发现,经常有低龄儿童营养不良的情况发生,进而受到启发,发现生产儿童营养液的创业机会,开启了创业道路。

②产品创新:娃哈哈在通过儿童营养液获取利润,得到发展之后,宗庆后并没有故步自封,而是积极进行产品方面的创新,针对顾客的需求开发了奶茶、饮用水等不同产品,满足了顾客的不同需求,为品牌注入了新的活力。

③管理创新:娃哈哈并没有沿袭传统的代理商模式,而是针对企业情况,创新性地提出了"联销体商业模式",充分地利用了中国市场经济的特殊性,该模式不仅降低了娃哈哈资金流中断的风险,还巩固了其在市场的地位。

④技术创新:创新发展就是娃哈哈的历史使命,宗庆后深知工欲善其

事必先利其器,积极带领娃哈哈不断创新技术,率先完成生产线从自动化到智能化的升级转变;同时研究工业机器人,以期打造智慧工厂。

⑤市场创新:娃哈哈以儿童营养液发家,不断在儿童市场上进行创新拓展,同时也积极开拓新的市场,寻找不同的顾客群体。物流时代成立全产业链公司,覆盖各类物流;快消时代投资奶茶店;网络时代建造"哈宝"电商平台……娃哈哈一直在跟随时代发展不断进行市场创新。

(2)娃哈哈的创新特点。娃哈哈的创新经历了模仿创新、合作创新、自主创新3个阶段。

在初创阶段,娃哈哈为了更好地发展和生存下去,对标其他产品,进行了一系列的模仿创新。非常可乐、娃哈哈纯净水……虽然一些产品失败了,但毋庸置疑,都在某种程度上扩大了娃哈哈的影响力。在发展阶段,娃哈哈开始了合作创新道路,通过与高校、研究所等合作,开发了新的生产线,推出了新的产品,促进了娃哈哈的智能化转型。在成熟阶段,娃哈哈通过引入各类人才,成立机电研究院等进行自主创新,探索企业未来发展方向。

3. 假如你是宗庆后,面对数字化挑战,你将采取什么行动?

(1)艰苦攻克难关。数字化转型是难关,也是必经之路。娃哈哈拥有良好的技术、资金及市场基础,在数字化转型时期,娃哈哈人应充分利用其所具有的资源和艰苦创业的精神,探索数字化。

(2)不断开拓创新。创新是数字化转型的核心,相对于已有的发展模式,数字化转型要求企业创新型发展。对于娃哈哈来说,其原本依赖的线下销售模式需要进一步与线上展开合作,实现供应链的数字化管理,提高流通效率;同时在技术方面,提高创新能力,促进生产的智能化、信息化,推动企业数字化发展。

(3)基于事实发展。数字化转型不是短期烧钱的投资,而是长期的,具有战略性和竞争性的投资。娃哈哈应充分认识这一事实,从实际出发,脚踏实地地进行数字化转型,从技术、文化、员工及管理等方面,逐步发展。

(4)积极承担责任。当今社会,企业社会责任是企业获得长远发展的关键。无论企业发展多好,都应该把社会责任放在第一位,这是企业存在的基础,也是影响竞争力的核心因素之一。娃哈哈已经成了国内食品龙头企业,具有特殊的影响力与号召力,在谋求发展的过程中,需要带头履行社会责任。在数字化背景下,娃哈哈要注重数字安全,遵循绿色发展理念,用科技创造社会价值。

(五)背景信息

1996 年,法国达能与娃哈哈联合成立合资公司,分别拥有 51％和 49％的股份,合资公司效益非常好,达能先后获得了 30 多亿元的收益。2006 年,达能派驻合资公司的董事长范易谋发现,宗庆后除此合资公司外还有一些由国有企业和职工持股的非合资公司,这些非合资公司每年为娃哈哈带来了丰厚的利润。范易谋认为,这些非合资公司严重影响了合资公司的收益,要求用 40 亿元收购其非合资公司 49％的股权,宗庆后拒绝了这一收购请求。于是,达能发起了一场针对宗庆后和非合资公司的全面诉讼,简称"达娃之争"。双方企业掌门人甚至中法两国领导人都有参与。在"达娃之争"期间,双方历经国内外 29 场诉讼,被称为改革开放以来影响最大的国际商战,最终以达能败诉,双方和解告终。

(六)关键要点

(1)对"延安精神"的把握是本案例的重点。延安是中国文化的宝贵财富,对社会方方面面都具有重要的影响。当"延安精神"与管理学结合时,只有充分理解"延安精神"的核心与内涵,才能在管理学案例中体会其精髓。

(2)在分析本案例时,应该有意识地了解"延安精神"的内涵,对照精神内容层层递进,分析案例中企业家在企业管理中所体现的宝贵品质,从而明白红色精神对中国企业与企业家的深刻影响。

(七)课堂计划建议

本案例可以在专门的案例讨论课时讨论。如下是按照时间进度提供的课堂计划建议,仅供参考。

整个案例课的课堂时间控制在 45 分钟。

课前计划:提前 1 周发放案例,提出启发思考题,请学生在课前理解案例背景并完成阅读和初步思考。

课中计划:

案例介绍(15 分钟)。教师可做简要发言,然后让学生充分了解红色革命精神,重点关注案例所体现出的"延安精神"。

案例分析讨论(20 分钟)。教师可以让学生分享案例阅读感受,并引导学生进行案例问题分析。

总结点评(10 分钟)。由案例正文描述转到问题思考继而引出相关理论,教师在听完学生们的发言后,要及时对本次上课内容做出总结点评,让学生学有所获。

黑板计划如下:

板书 1

"延安精神"的内涵

自力更生、艰苦奋斗的精神,全心全意为人民服务的精神,理论联系实际、不断开拓创新的精神。

创业者的内涵

发现某种资源等,将其转化为更多财富、价值,并实现某种追求或目标的人。

> **板书 2**
>
> **创业的过程及创新的主要内容和分类**
>
> **过程**：产生创业动机、识别创业机会、整合资源、创建新企业或诞生新事业、实现机会价值、收获回报。
>
> **主要内容**：观念创新、战略创新、产品创新、组织结构创新、管理创新、技术创新、市场创新。
>
> **分类**：自主创新、模仿创新、合作创新。

课后计划：如有必要，请学生采用报告的形式结合红色革命精神，对其他相关企业管理案例进行分析研究，为后续学习打好基础。

（八）相关附件

1."延安精神"

内容："延安精神"是马克思主义中国化的重要精神成果，是中国革命奋斗历程的重要精神结晶，是中国共产党本质特征的精神体现。主要包括：自力更生、艰苦奋斗的精神，全心全意为人民服务的精神，理论联系实际、不断开拓创新的精神，本质是解放思想、实事求是。

提出背景：革命圣地延安，是中国共产党和人民军队的根据地，是红军长征胜利的落脚点，也是建立抗日民族统一战线，赢得抗日战争胜利，进而夺取全国胜利的解放战争的出发点。1935 年到 1948 年期间，老一辈共产党员们在延安建立了人民政权，当时交通闭塞，经济落后，物资极其短缺，中国共产党和老百姓一起自己动手、丰衣足食，这为夺取革命胜利奠定了物质基础。中共中央和毛泽东在这里领导、指挥了抗日战争和解放战争，实现了马克思列宁主义同中国实际相结合的第一次历史性飞跃，诞生了毛泽东思想，这些奠定了中华人民共和国成立的基石。"延安精神"是中国革命和建设的伟大的精神动力，2021 年 9 月，党中央批准了中央宣传部梳理的第一批纳入中国共产党人精神谱系的伟大精神，"延安精神"被纳入。

2.联销体商业模式（见图2）

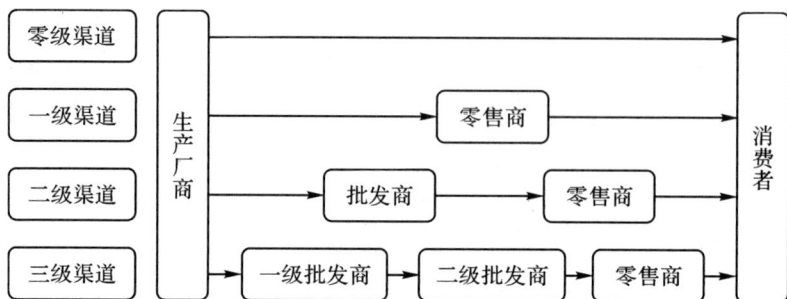

图2 联销体商业模式

（九）参考文献

[1] 高等学校中国共产党革命精神与文化资源研究中心组.永不褪色的精神丰碑[M].北京:中国人民大学出版社,2019.

[2] 郝云宏,向荣.管理学[M].2版.北京:机械工业出版社,2018.

[3] 王育琨.沧海横流,谁是英雄[J].中国中小企业,2008(6):12-15.

[4] 邬爱其.宗庆后:笃行者[M].北京:机械工业出版社,2019.

[5] 张玉利,陈寒松,薛红志,等.创业管理[M].4版.北京:机械工业出版社,2017.

[6] 智荣,刘奔.宗庆后的"超级实用主义管理哲学"[J].中外管理,2020(4):72-77.

[7] 钟帆.娃哈哈品牌发展战略分析[D].杭州:浙江工业大学,2013.

突破困境，敢于创新

——五芳斋：百年品牌重焕生机

一、案例描述

（一）引　言

1921年，第一家"荣记五芳斋"粽子店在嘉兴张家弄口开张，因粽子美味、工艺考究而名噪一时。

100年之后……

2021年的一天，到了午餐时间，某人走进五芳斋旗下的无人智慧餐厅，打开手机扫码点餐，通过支付宝完成线上支付，收到取餐提示后前往取餐柜自助取餐。等餐时闲来无事搜索五芳斋，却被官网品牌视频吸引了。"看呀，它一共分为四层，堪称月饼中的别墅，更别说它那经由社会毒打而成的糯米夹层。""听奶奶的话，吃两个咸鸭蛋，然后走进考场，神挡杀神，佛挡杀佛。"官方视频中一本正经搞怪的广告语让人啼笑皆非——原来，你是这样的五芳斋。

（二）老字号老了？

高层会议结束后，身为五芳斋品牌总监的徐炜迟迟没有离开会议室，脑海里想着会议上董事长说的"2017年全年我们五芳斋的销售收入达到了40.81亿元，利润总额达到3.37亿元"。成绩是喜人的，徐炜却在为五芳斋品牌老化发愁。作为一个96年①的老字号品牌,五芳斋可谓是家喻户晓,但提起五芳斋,人们只会联想到粽子、端午节送礼、老字号这些关键词,这就是五芳斋留给消费者的全部印象。最令徐炜担忧的是五芳斋对年轻人似乎没有吸引力了,尤其是"90后""00后"的Z世代群体,他们追求新潮,注重体验,尝试挖掘最好的价值和服务,和年近百岁的五芳斋有着似乎不可逾越的代沟。

难道老字号品牌只能向时间低头,逐渐被消费者遗忘吗?徐炜却不甘心,她开始思考,究竟是哪里出了问题。观念是很多问题的根源,哪怕是五芳斋高层,打心底里也觉得五芳斋是一个卖传统食品的老字号品牌,就应该注重品质和工艺,其他的都是花里胡哨的东西,无足轻重。但互联网、电商、新零售已经改变了时代,市场不断地更新,如五芳斋仍固守自己的品牌理念,只会被市场淘汰。与此同时,五芳斋事业部制的弊端越来越凸显,不同的事业部长期各自为战,使得跨部门协调的成本大大提升;资源的割裂与重复拉长了决策链条,降低了响应速度,使得公司对市场变化的反应慢。[1]

(三)拥抱时代,敢于创新

"作为嘉兴的知名企业,是时候发扬'红船精神',大刀阔斧地改一改了,'江南粽王'五芳斋何不成为粽子界开天辟地、敢为人先的那一个?"徐炜知道,要让五芳斋年轻起来,就必须顺应时代,进行创新和改革。

1.当老字号遇上"互联网+"

徐炜认为,"互联网+"是这个时代最鲜明的特征,五芳斋要跟上时代的步伐,甚至要走在前面,就需要创新。2018年1月,五芳斋首家24小时

---

① 以截至2017年计算。

无人智慧餐厅在杭州高调亮相。3 个月后,五芳斋又和天猫、浙江省交通投资集团合作推出位于高速服务区内的五芳斋新零售店。4 月 25 日,嘉兴也有了第一家五芳斋智慧餐厅。智慧餐厅的特色是自助服务,借助支付宝和口碑网完成线上下单、线上支付和评价的一系列服务。2017 年的双十一,直播带货火了。2018 年 9 月 13 日,五芳斋试水跨界直播,以直播的方式将传统文化传递给年轻人。2020 年 6 月 10 日,99 岁的五芳斋在杭州湖滨湖上直播间举行“天生中国味”活动,60 多位主播,为我们呈现了一场长达 12 小时的直播狂欢,百年老店五芳斋成功出圈,引爆端午新品。当天成交的订单中,92％来自新客,“90 后”客户所占比例达到 42％,其中一款“五芳祥礼”礼盒狂售 13.7 万盒。

2. 当老字号开始“搞怪”

“如果抓不住年轻人的心,品牌可能要走下坡路。”徐炜知道老字号的老故事已经无法吸引年轻消费者了,要想办法打破和年轻消费者的代沟,和他们互动起来。

如何打破呢? 徐炜想到,只有让品牌变得更加年轻,才能和年轻的消费者们在同一个频道对话。她想到通过广告或许能向年轻人展现不一样的五芳斋,但这样的广告必须是别出心裁的。2017 年,五芳斋和环时互动科技有限公司达成合作,一年后,五芳斋用一支魔幻广告《白白胖胖才有明天》成功出圈,不少年轻人被其清奇的画风和脑洞吸引。此后横空出世的《五芳斋咸鸭蛋广告(新编版)》,在微博和 B 站两大平台累计播放量达 350 万次。在描述五芳斋广告的风格时,徐炜笑着说:“你以为我会说复古、搞怪、科幻? 都不是,脑洞大开才是我们的风格。”2020 年端午节期间,五芳斋为了宣传和 AKOKO 品牌、拉面说品牌、钟薛高合作推出了联名产品,并发布了一组广告宣传片《找呀找呀找朋友》,弹幕里都是“我没想到啊!”“啊啊啊好可爱”“冰箱粽子?”等字样,想来是吸引了不少“90 后”“00 后”的观众。甚至有很多网友说,"比新品更令人期待的是五芳斋的广告""走过最长的路是五芳斋广告的脑回路"。

从2017年第一支出圈广告至今,短短4年,五芳斋蜕变了,年轻了,吸引了更多25—40岁的城市中产阶层和"90后""00后"的Z世代年轻人。

3. 当老字号玩起了跨界,还新品频出

近年来,品牌间的跨界合作成了一股热潮,五芳斋也在跨界合作这一块蓄足了马力。2020年,五芳斋和乐事联名推出蛋黄肉粽味薯片,和钟薛高合作推出清煮箬叶雪糕。除此之外,五芳斋还与迪士尼、喜茶、AKOKO、伊利金典、VENKE、盒马、相宜本草等品牌合作推出联名产品,这让消费者看到了以前从未想到的粽子的诸多玩法,也让年轻消费群体看到了有趣有料的五芳斋。徐炜说:"很嗨!今年五芳斋的跨界是有史以来玩得最嗨的一年!"

2020年,五芳斋不仅跨界合作规模空前,推出的新品也是有史以来最多的,在6月10日的湖上直播中,五芳斋将大师粽、FANG粽、经典粽三大系列推向全网粉丝,FANG粽系列是专门为年轻人设计的,满足了年轻人高颜值、轻饮食、轻时尚的追求,年轻人能通过"粽子蘸着吃"的全新吃法,从酸甜苦辣咸中体会到"人生百味"。

(四)老字号的百年坚持

徐炜说:"创新和会玩是好事,但骨子里的东西决不能丢。"徐炜虽然一力主张五芳斋要创新,要变得年轻,却一直守着五芳斋这一老字号的传统和情怀,守着一座城市"老底子的味道"。2020年端午,在嘉兴五芳斋产业园,粽艺文化长廊和工厂体验店经过改造升级再次亮相,向消费者讲述着百年五芳斋的故事。同时,五芳斋和嘉兴日报合作发起了名为"一座城和它的99种粽味人生"的大型故事征集活动,唤醒了嘉兴市民和粽子之间紧密相连的记忆。

纯正的味道才能唤起藏在记忆深处的味道,五芳斋始终要坚持的除了传统的情怀,还有传统的工艺和一如既往的品质。为了保证品质,五芳斋坚持手工包粽。137 种上等馅料、56 味秘制调料、9 道线手工裹粽技法,以及 4000 多名五芳斋人的坚守,才成就了人们心中不变的味道。

和老味道一起刻在五芳斋骨子里的还有它作为百年老字号的社会责任感。五芳斋坚持做社会公益 20 多年,每年的"端午公益行""城市因您而美·关爱环卫工人"爱心周活动,将温暖和爱传递给老人、孩子、环卫工人。作为嘉兴知名企业,五芳斋长期致力于嘉兴教育事业的发展,2005年开始在嘉兴一中设立五芳斋奖学金,发起"幸福传递"助学计划,在浙江工商大学和嘉兴职业技术学院设立五芳斋奖学金及助学金,为教育事业贡献力量。

(五)重焕生机的老字号

五芳斋一直坚持传统"匠心精神",以开放的姿态拥抱互联网思维,正是如此,五芳斋才有现在的业绩:在京东平台上的粽子品类中,超过 50%是五芳斋的,早在 2018 年,五芳斋粽子的年销量就已经突破了 4 亿只。

4 年时间,五芳斋从一个传统老字号变成了年轻人心目中的"老不正经",成功给自己贴上了"中二""魔性"的标签,实现"逆龄生长"。现在提起五芳斋,除了粽子、咸鸭蛋、老字号,不少年轻人最先想起的是它神奇的脑回路和各种 IP 联名,俨然已经变成了最会玩的老字号。

(六)尾　声

2019 年,五芳斋获得"2019 中国高成长连锁 50 强"荣誉。作为一个高速成长的老字号品牌,五芳斋同时也存在着一些问题:

(1)收入季节波动大。五芳斋的现金牛产品是其主打的粽子系列,而粽子作为端午节的传统食品,市场需求在端午节前后波动较大,导致五芳斋营收的季节变化大。

(2)售后服务有待优化。不少网友和消费者在微博、百度等平台表示了对五芳斋客服的不满,提出五芳斋客服反馈速度慢,且有时候处理态度不够积极,无法切实解决售后问题。

上海交通大学品牌研究所在 2019 年给出的一组数据显示,中国有 1.5 万个老品牌,但是其中只有 150 个"活"得还可以,这几年,不少老字号品牌显出颓势,比如业绩不断下滑的全聚德和上市不到 5 年就挂牌的狗不理。

五芳斋和一众老字号品牌又将走向什么样的未来呢?

二、案例拓展

(一)教学目的与用途

本案例适用于本科生和 MBA 学员学习"战略品牌管理"课程中"长期品牌管理"章节有关"激活品牌"相关内容,也可为管理者研究老字号品牌如何年轻化提供一定参考。

本案例通过阐述和分析五芳斋品牌年轻化的案例,旨在帮助学生了解其背后所蕴含的品牌激活的相关理论和知识。具体来说,本案例主要的教学目的聚焦于使学生正确、深刻地理解品牌激活的相关知识,能够运用基于顾客的品牌资产模型对品牌资产现状进行分析,找出品牌存在的问题,并运用品牌激活中的相关策略解决问题。

(二)启发思考题

1.五芳斋作为一个百年老字号品牌,2018 年前后陷入了什么样的困境? 造成困境的原因是什么?

2.五芳斋变革前消费者对其的品牌联想是怎样的？现在的品牌联想又是怎样的？变革前后的品牌联想有何异同点？

3.陷入困境时：①五芳斋这一百年老字号始终坚持的是什么？采取了哪些对策？②五芳斋又有哪些新的改变，采取了什么样的策略，从而重新焕发活力？

4.五芳斋应对老字号品牌的困境时的策略对老字号品牌的重新崛起有什么启发？

5.嘉兴是五芳斋的诞生地，也是"红船精神"的发源地，那么五芳斋继承和弘扬了"红船精神"的哪些内涵？

（三）分析思路

本案例描述了五芳斋在陷入老字号品牌常见的困境后，采取了一系列激活品牌的策略，使得老字号品牌五芳斋重新焕发生机的事例，意在帮助学生理解和掌握长期品牌管理中激活品牌的思路、策略和方法。

首先，教师可以请同学们分享自己对五芳斋这个老字号品牌的看法或者是去五芳斋消费的经历，由此引入五芳斋品牌陷入的困境，再花较少的时间让学生分析五芳斋这一老字号品牌陷入了什么样的困境。接下来，引导学生根据案例材料分析和评估困境中的五芳斋的品牌资产来源，让学生围绕当时五芳斋的品牌资产进行讨论，引导学生识别出关键的品牌联想，同时思考五芳斋需要什么样的新的品牌联想。

其次，根据五芳斋开设无人智慧餐厅、新品频出、在社交媒体上投放搞怪广告等举措进一步引导学生思考五芳斋是如何更新旧的品牌资产来源和创建新的品牌资产来源的，并对五芳斋激活品牌的战术方面的细节进行分析。

接下来，对采取了品牌激活策略的五芳斋，再一次进行品牌资产的评估，检验其品牌激活策略的效果；并引导学生思考五芳斋是否还存在值得改进的地方,以及五芳斋应对老字号品牌困境的策略对老字号品牌的重新崛起有何启发。

最后结合案例分析"红船精神"在五芳斋的案例中是如何体现的,体现了哪些内涵。

任课教师可以结合课堂情况,根据自己的教学目标来灵活使用本案例。本案例的分析思路如图1所示,仅供参考。

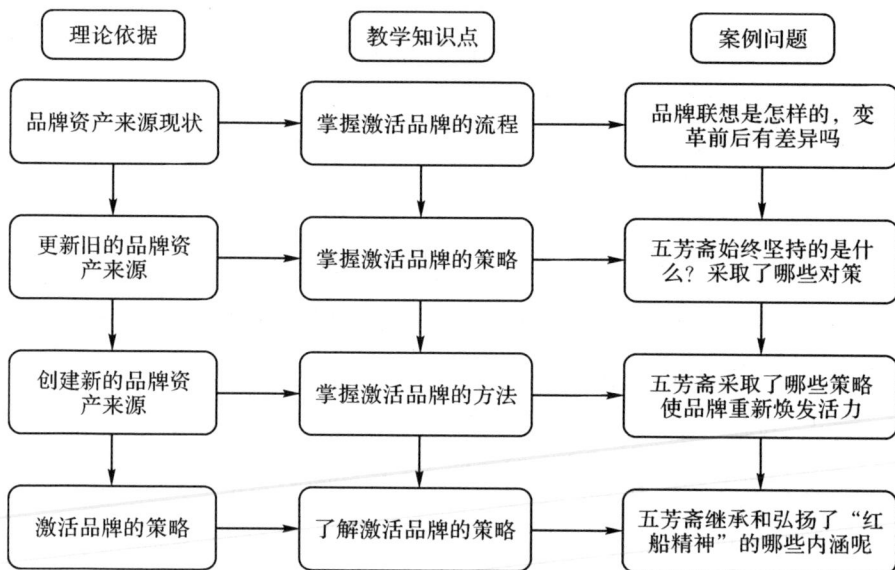

理论依据	教学知识点	案例问题
品牌资产来源现状	掌握激活品牌的流程	品牌联想是怎样的,变革前后有差异吗
更新旧的品牌资产来源	掌握激活品牌的策略	五芳斋始终坚持的是什么?采取了哪些对策
创建新的品牌资产来源	掌握激活品牌的方法	五芳斋采取了哪些策略使品牌重新焕发活力
激活品牌的策略	了解激活品牌的策略	五芳斋继承和弘扬了"红船精神"的哪些内涵呢

图 1　案例分析思路图

(四)理论依据及分析

使用本案例时,教师可能需要用到以下相关理论,并且希望学生掌握相关理论知识,能结合理论对具体情况进行分析。

1.五芳斋作为一个百年老字号品牌,2018 年前后陷入了什么样的困境？造成困境的原因是什么？

【案例分析】

从案例描述中可以得知,五芳斋面临的困境主要是品牌老化带来的,主要是以下两点:①对年轻人没有吸引力。具体表现是:"90 后""00 后"的 Z 世代群体,追求新潮,注重体验,尝试挖掘最好的价值和服务,而五芳斋这样的老字号品牌似乎和年轻人有着天然的代沟。②高知名度和低认知度。具体表现为:五芳斋家喻户晓,但提起五芳斋,人们只会联想到粽子、端午节送礼、老字号这些关键词,这就是五芳斋留给消费者全部的印象。可见消费者对五芳斋的品牌认知仅仅浮于表面,品牌认知的深度还不够。

造成困境的原因可以从品牌理念和组织架构两方面进行分析:①品牌理念方面,五芳斋本身的品牌理念过时,连五芳斋大部分高层也觉得五芳斋是一个卖传统食品的老字号品牌,只注重品质和工艺,而忽视服务、宣传等当前消费者也重视的东西。②组织架构方面,事业部制的组织架构显出颓势,不同事业部之间各自为战,导致跨部门协调成本提升;各事业部之间资源的割裂与重复,造成资源的浪费和决策链条的延长,同时降低了对市场响应的速度,导致品牌跟不上市场的变化,逐渐被消费者淡忘。

2.五芳斋变革前消费者对其的品牌联想是怎样的？现在的品牌联想又是怎样的？变革前后的品牌联想有何异同点？

【理论依据】

品牌资产的来源

(1)品牌资产的概念。品牌资产(brand equity)是 20 世纪 80 年代出现的最流行和最有潜在价值的营销概念之一。但到目前为止,还没有就如何对品牌资产进行概念化和评估形成一致的观点。基本上,品牌化就是将品牌资产的影响力付诸产品和服务。多数研究者认为,品牌资产应该是品牌所具有的独特的市场影响力。也就是说,品牌资产解释了具有品牌的产品或服务和不具有品牌的产品或服务两者之间营销结果差异化的原因[2]。

(2)基于顾客的品牌资产。①基于顾客的品牌资产模型的视角。基于顾客的品牌资产模型是从顾客的视角来探讨品牌资产的。从顾客视角出发,营销者面临的两个重要且基本的问题是:不同的品牌对顾客来说意味着什么;顾客所拥有的品牌知识将如何影响其对营销活动的反应。②基于顾客的品牌资产模型的基本前提。基于顾客的品牌资产模型的基本前提是:一个品牌的强势程度取决于顾客在长期的经验中对品牌的所知、所感、所见和所闻。③基于顾客的品牌资产(Customer-Ba-Brand Equity,CBBE)的定义。基于顾客的品牌资产的定义为:顾客品牌知识所引起的对营销活动的差异化反应。

基于顾客的品牌资产的定义有3个重要组成部分:①差异化效应。品牌资产本身就源于顾客的差异化反应,如果没有差异,产品之间的竞争就只是基于价格。②品牌知识。顾客在长期使用中对品牌形成的感觉就是顾客的品牌认知,这决定了公司的品牌资产大小。③顾客对营销的反应。顾客对某一品牌的营销活动的反应也会有差异,主要体现在是否会选择该品牌、对广告的回想、对促销活动的反应等[2]。

(3)品牌资产的来源。当顾客对品牌有较高的认知和熟悉度,并在记忆中形成了强有力的、偏好的、独特的品牌联想时,就会产生基于顾客的品牌资产。品牌资产的来源主要是两部分,分别是品牌认知和品牌形象。

①品牌认知。

第一,品牌认知的构成。品牌认知是由品牌再认(brand recognition)和品牌回忆(brand recall)构成的。品牌再认是指消费者通过品牌暗示确认之前见过该品牌的能力。品牌回忆是指在给出品类、购买或使用情境作为暗示的条件后,消费者在记忆中找出该品牌的能力[2]。

第二,品牌认知的深度与广度。品牌认知深度是指品牌元素在人们脑海中出现的可能性及难易程度,如一个很容易被回忆起的品牌和一个只有在呈现后才能被识别出来的品牌相比,前者的品牌认知深度更深。

品牌认知广度是品牌购买和使用情境的范围,品牌元素是否呈现在顾客脑海中在一定程度上取决于记忆中的产品、品牌知识的组织情况[2]。

第三,品牌认知的效用。建立深度的品牌认知可以获得三方面的优势:印象优势(在消费者记忆中建立品牌节点)、入围优势(成为消费者购买决策中的备选品牌)和入选优势(入围备选品牌后,成为消费者的最终选择)[2]。

②品牌形象。积极的品牌形象是通过营销活动将强有力的、偏好的、独特的联想与记忆中的品牌联系起来而建立的。品牌联想可以是品牌属性(指那些赋予产品或服务以特征的说明),也可以是品牌利益(指消费者赋予产品或服务的个人价值观和含义)[2]。

第一,品牌联想的强度。如果顾客能够仔细考虑产品信息并把这些信息联系到现有的产品知识上,就会使品牌联想变得更强有力。使这种联想不断增强的因素有两个:一是个人对产品信息的关注程度;二是产品信息宣传的密度。

第二,品牌联想的偏好性。建立消费者偏好的品牌联想,就是要让消费者确信他的需求能被品牌所具有的品牌属性或者品牌利益所满足,在此基础上形成对品牌的正面评价。同时,购买情境和场合、消费者的购买动机等的变化都会引起品牌联想的变化。

第三,品牌联想的独特性。"独特的销售主张"或者持续的竞争优势是品牌定位的本质,也是消费者选择该品牌的最主要的原因。通过和竞争对手的比较,这种差异能够直接或间接地表现出来。尽管独特的品牌联想至关重要,但共享的品牌联想也有其价值所在,它能够帮助形成品类成员,并清晰地定义与其他产品之间的竞争边界[2]。

【案例分析】

五芳斋变革前消费者对五芳斋的品牌联想:提起五芳斋,人们只会联想到粽子、端午节送礼、老字号这些关键词。可见,五芳斋之前的品牌形象是非常典型的老字号品牌的品牌形象。

现在对五芳斋的品牌联想:粽子、咸鸭蛋、传统食品、"中二"、脑洞大开、最会玩的老字号。关于现在五芳斋的品牌联想,可以从正文第一部分的(二)至(四)部分总结,不局限于以上的关键词。

五芳斋前后品牌联想的异同点:①相同点:联想到五芳斋的主打产品粽子、咸鸭蛋等,以及都有五芳斋是老字号品牌的认知。②不同点:现在消费者对五芳斋的品牌联想多了"中二"、脑洞大开、会玩等更加年轻化的特征,这是与之前的品牌联想不同的地方,也是五芳斋在众多老字号品牌中独特的品牌联想。

对于这一问,需要提醒的是,教师可以在学生回答问题之前,先引导学生回顾品牌资产、基于顾客的品牌资产模型的相关知识,重点回顾品牌联想和品牌认知的相关内容。且这一问和第三问关系密切,教师可以引导学生讨论五芳斋的哪些举措对自身品牌形象有什么样的影响。

3.陷入困境时:①五芳斋这一百年老字号始终坚持的是什么?采取了哪些对策?②五芳斋又有哪些新的改变,采取了什么样的策略,从而重新焕发活力?

【理论依据】

激活品牌

通常,逆转品牌命运的第一步是,必须清楚品牌资产的来源,需要精确而又全面地刻画存在于消费者心智中的品牌认知的广度和深度,品牌联想的强度、偏好性和独特性,以及顾客品牌关系的性质。

尤其重要的是,哪些关键品牌联想依然可以作为品牌定位的差异点或共同点及其程度如何。积极的联想是否正失去它们的强度或独特性? 由于营销环境的某些变化,是否已有消极的联想与品牌发生了关联?

这时,必须做出是否保持相同的定位或者创造一个新的定位的决策。如果是后者,又应当采取怎样的定位? 品牌的定位考虑因素,能够根据公司、消费者和竞争的不同,对不同可行定位方案的理想性和现实性提供有益的见解[2]。

品牌激活战略显然需要连续性,一端是纯粹的"回归基础",另一端则是纯粹的"激活"。许多激活战略都结合了这两方面的因素。

在理解品牌当前和期望的品牌知识结构时,我们需要重新回到基于顾客的品牌资产框架模型,它能就如何更新旧的品牌资产来源和创建新的品牌资产来源提供指导。根据该模型,能够得到两种方法:

(1)在购买和消费情境中,通过提高消费者对品牌的回忆和再认知,扩展品牌认知的深度和广度。

(2)提高构成品牌形象的品牌联想的强度、偏好性和独特性。这可能需要基于现有的或新的品牌联想的不同方案。

通过这些方式提高品牌显著度和改善品牌含义,可以获得更好的品牌响应和品牌共鸣[2]。

战术上,可以通过改变品牌元素、改变营销活动和提升新的次级联想3 种途径实现对旧的品牌资产来源的更新或者重新创造新的品牌资产来源,以下是几种可以实现这些目标的战术。

①拓展品牌认知。对于一个处于衰退状态的品牌来说,品牌认知的深度常常不是问题所在,在特定环境中消费者依然能够识别或想起该品牌。提升品牌认知的广度才是燃眉之急,因为消费者只有在很狭窄的范围内才想到该品牌,也就意味着该品牌完全淡出了消费者的日常生活。因此,一

个强有力的创建品牌资产的手段是,扩大品牌认知的广度,让消费者无法忽略该品牌。

假设品牌拥有合理水平的顾客认知和正面的品牌形象,那么最合适的出发点,就是扩大其使用范围。使用范围既可以通过提高消费数量或水平(有多少消费者在使用该品牌)而扩大,也可以通过提高消费的频率(消费者多久使用一次该产品)而扩大[2]。

第一,识别新的或其他的使用机会。

首先,为了识别消费者使用品牌新的或者其他更多的机会,即便是相同的基本方法,也可以在设计营销方案中包括以下两个方面:一方面,更频繁地告诉消费者在现有的或新的环境中使用该品牌的好处;另一方面,提醒消费者使用该品牌时尽量接近上述环境。

其次,另一个提高使用频率的潜在机会,出现在消费者的使用感觉不同于他们的实际使用情况的时候。对于许多使用寿命相对较短的产品,消费者也许不会及时或者频繁地更换它。

最后,在一个产品的用途少于理想的或所推荐的用途的时候,必须让消费者相信其有规律使用的优点,而且,任何对增加使用次数的障碍都必须被克服。在后一种情况下,可以通过产品的设计和包装使产品更方便、更容易使用。

第二,找出新的和完全不同的使用品牌产品的方式。提高使用频率的第二条途径是找出全新的和不同的用途[2]。

②改善品牌形象。为了提高构成品牌形象的品牌联想的强度、偏好性、独特性,制订新的营销方案也许是必不可少的。重新定位的决定要求品牌明确目标市场和竞争的性质,以设定具有竞争力的参考框架。

第一,识别目标市场。营销者常常针对4个关键的细分目标市场中的一个或几个采取行动,并作为品牌振兴战略的一部分:一是保留易流失的客户;二是夺回流失的客户;三是识别被忽略的细分市场;四是吸引新客户。

第二,品牌重新定位。在不考虑目标市场细分的情况下,品牌重新定位需要建立更多吸引眼球的差异点。在其他情况下,品牌需要进行重新定位,在某些关键的形象维度上建立一个共同点。

建立这样的共同点的一般方式是建立相应的使用情境,令成熟的品牌更加符合现代消费者的心理要求,或者更具有现代品牌的特点和个性。很多传统品牌虽然值得消费者信任,但消费者往往不会购买,因为他们觉得传统品牌没意思,不讨人喜欢。

第三,改变品牌元素。当产品或营销方案发生变化的时候,为了向消费者传递新的信息和含义,常常需要改变品牌元素。一般来说,品牌名称是最重要的,也是最难改变的。其他品牌元素(包装、标识、品牌箴言等)比较容易改变,而且可能也需要改变,尤其当它们发挥着维持品牌知名度和形象的重要作用时更是如此[2]。

要激活一个品牌,一般来说有两种途径:一种是重新抓住失去的品牌资产来源;另一种是确认和建立新的品牌资产来源。通常有两种可操作的方法:①通过在购买和消费情境中提高顾客对品牌的回忆和认知水平,扩大品牌认知的深度和广度;②提高那些构成品牌形象的品牌联想的强度、偏好性和独特性。

对于一个处于衰退中的品牌来说,品牌认知的深度不像广度那么重要——此时消费者倾向于以一种非常狭隘的方式对待这一品牌。品牌认知的改变是品牌重新定位的一部分,必须慎重分析目标市场。往往最好是先留住新顾客,然后尽量吸引流失的顾客或者是原来没有注意到的细分市场,最后才是尝试吸引完全不同的细分市场。所有这些改善品牌形象的努力所面临的挑战在于:不能毁掉已有的(品牌)资产[2]。

【案例分析】

问题 3 是本案例重点分析的环节,经过对问题 1 和问题 2 的分析,学生已经对五芳斋面临的困境及前后品牌形象的变化有了基本的了解,接下来教师可以引导学生通过对问题 3 的分析弄清楚五芳斋是如何激活品牌,走出老字号品牌困境的。具体的品牌激活策略如图 2 所示。

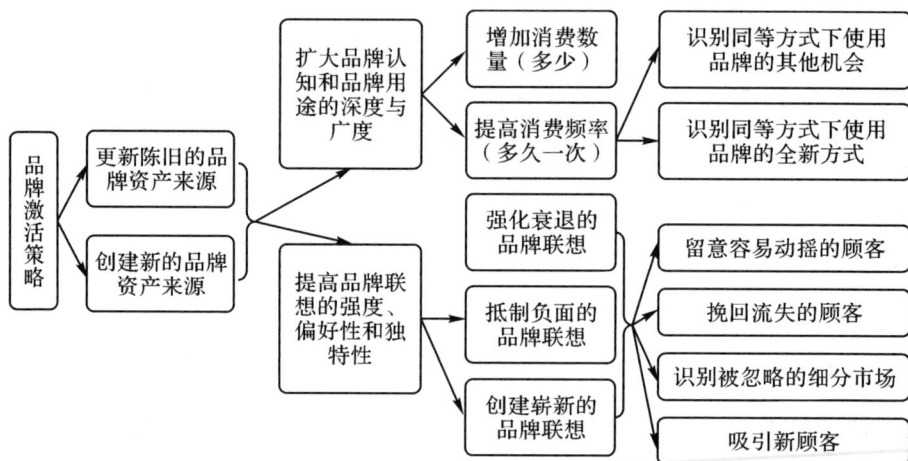

图 2　品牌激活策略

(1)陷入困境时,五芳斋这一百年老字号始终坚持的是:五芳斋的传统匠心和情怀,守住一座城市"老底子的味道"。对此,五芳斋采取了以下措施:①2020 年端午亮相的粽艺文化长廊和工厂体验店,将五芳斋的百年故事讲述给消费者听,也是对品牌故事的传承。②联合嘉兴日报发起"一座城和它的 99 种粽味人生"大型故事征集活动,通过故事分享的方式,唤醒嘉兴人记忆深处和粽子相关的美好过往。③采用传统工艺,坚持手工包粽,用 137 种上等馅料、56 味秘制调料、9 道线手工裹粽技法,以及 4000 多名五芳斋人的坚守,成就了人们心中不变的味道。这是五芳斋对匠心的坚守,也是对中华传统美食味道的坚守。此外,作为百年的老字号,五芳斋坚持承担的还有知名企业的社会责任,主要体现在五芳斋设立奖学金和助学金,为当地的教育事业做贡献,在节日为老人、孩子和环卫工人等弱势群体送祝福和温暖,回馈社会方面。

(2)这2问之间关系紧密,故而合并作答。在意识到品牌老化导致自身发展受阻之后,五芳斋选择发扬"红船精神",顺应时代的浪潮,大刀阔斧地进行改革和创新。这主要的改变体现在以下3个方面:①五芳斋抓住了"互联网＋"这一时代的大方向,和阿里巴巴合作,于2018年1月在杭州开出首家无人智慧餐厅;4月10日,又联手天猫、浙江交投,在高速服务区推出新零售店;4月25日,五芳斋嘉兴智慧餐厅落地工作完成。除此之外,直播带货在近两年可谓是火爆,五芳斋抓住这一机会,用一场12小时的马拉松式的直播,让五芳斋成功出圈,还达到了为端午新品预热的效果。身为老字号,却走在了"互联网＋"和新零售的前沿,这必然会让消费者重新审视五芳斋这个老字号品牌。②抓住Z世代年轻人的猎奇心理,推出脑洞大开的广告(《白白胖胖才有明天》《五芳斋咸鸭蛋广告(新编版)》《找呀找呀找朋友》等),以魔性、复古、科幻等不同风格的广告和消费者互动,吸引年轻消费群体,拉近和年轻消费群体的距离,也使得五芳斋的品牌形象更加年轻有活力。③紧跟跨界联名的热潮,和众多品牌合作推出联名产品,丰富五芳斋粽子的消费场景,让粽子有更多吃法和玩法。和五芳斋合作的品牌中,有迪士尼这样的近百年知名品牌,也有喜茶、拉面说、AKOKO、钟薛高这样的新兴人气品牌,借助联名品牌的年轻的品牌形象和人气,五芳斋的品牌形象越来越年轻。

第3问的第一部分和第二部分分别是五芳斋品牌激活策略中的更新旧的品牌资产来源和创建新的品牌资产来源两部分。品牌资产的来源主要是顾客心智中的品牌认知和品牌形象。

更新旧的品牌资产来源:对品牌联想有了准确的认知之后,识别出需要保持的部分。五芳斋作为老字号,传统食品、匠心这些旧的品牌联想实际上是积极的,是需要保留和强化的。针对这部分,五芳斋是怎么做的呢?通过和迪士尼、AKOKO 等品牌合作推出联名产品,让粽子有了更多的玩法和吃法,为五芳斋构建了更丰富的消费场景,拓展了消费者对五芳斋品牌认知的广度。通过举办"一座城和它的 99 种粽味人生"大型故事征集活动,唤醒嘉兴人的城市记忆,以此保留易流失的顾客和挽回已流失的顾客。对工艺和品质的坚守则是守住消费者心中的五芳斋传统的味道,以保持品牌形象的一致性。

创建新的品牌资产来源:要让消费者产生不同的品牌联想,品牌需要在一定程度上重新定位。五芳斋将自己定位为"最会玩的老字号",以开放的姿态拥抱互联网,通过设立无人智慧餐厅、开展直播、推出搞怪的脑洞大开的广告、和各大品牌跨界合作、针对不同消费群体推出新品等一系列举措,改变五芳斋在消费者心目中传统守旧的品牌形象,增加了搞怪、会玩等品牌联想,这在一定程度上契合了年轻消费群体的个性,使得五芳斋的品牌形象更有个性、更加年轻。

教师可以引导学生在结合案例分析之后对品牌激活策略的更新旧的品牌资产来源和创建新的品牌资产来源的战术进行总结,之后再由教师结合理论依据进行补充,从而达到更好的教学效果。

4.五芳斋应对老字号品牌的困境时的策略对老字号品牌的重新崛起有什么启发?

【案例分析】

坚守匠心和老字号的情怀。老字号品牌大多面临着和五芳斋 4 年前相似的品牌老化的困境,外在表现往往是高知名度、低认知度。要改变品牌形象,首先要明确老字号品牌的优势在于高知名度,而传统、匠心这样的品牌联想是积极的,只是随着时间的推移逐渐衰退了,那就需要采取措施强化这部分品牌联想,最好是让消费者参与其中,以唤起消费者与老字号品牌之间的记忆,引起和品牌的情感共鸣。

创新,同时要重视年轻消费群体。可以采取一些战术让产品有更多的消费场景和用途,提高消费者消费的频率或增加消费者消费的数量。除此之外,创建新的品牌资产来源是老字号品牌重新焕发生机的重中之重,如可以从广告、包装、产品组合、服务等各方面入手进行创新,给消费者耳目一新的感觉,才能让消费者对品牌产生新的品牌联想。值得一提的是,抓住年轻消费群体是关乎品牌未来的,想办法吸引年轻消费者,投其所好,满足他们的需求,才能真正抓住这群未来的消费主力军。

5.嘉兴是五芳斋的诞生地,也是"红船精神"的发源地,那么五芳斋继承和弘扬了"红船精神"的哪些内涵?

【理论分析】

"红船精神"的内涵:开天辟地、敢为人先的首创精神,坚定理想、百折不挠的奋斗精神,立党为公、忠诚为民的奉献精神[3]。

【案例分析】

"红船精神"在五芳斋的案例中主要体现的是开天辟地、敢为人先的首创精神和立党为公、忠诚为民的奉献精神。

首创精神体现在:作为百年老字号品牌,五芳斋和大多数老字号一样面临着品牌老化的问题,但五芳斋没有消极应对,反而勇于创新,拥抱互联网和迎合时代趋势。五芳斋和阿里巴巴合作开了首家无人智慧餐厅,展开马拉松式的直播,发布脑洞大开的广告;和当下许多年轻品牌进行跨界合作,打破了人们固有的对传统老字号品牌的联想,使其成功变成了年轻人眼中会玩的老字号。在众多老字号中,无论是无人餐厅,还是搞怪风格的广告,五芳斋都可谓是首创,其也是首批尝试直播、跨界联名的老字号品牌。五芳斋这种敢于尝试和创新的精神正是"红船精神"第一层含义的体现。

奉献精神主要体现在:五芳斋积极承担社会责任,坚持做公益,在端午等节假日为福利院、幼儿园、特殊教育学校的老人、孩子送祝福和温暖,为环卫工人提供爱心早餐,将温暖和关爱回馈给社会。除此之外,五芳斋还致力于推动当地教育事业的发展:在嘉兴一中等学校设立奖学金,奖励优秀学生和教师;在凤桥中学等设立"幸福传递"助学金,在浙江工商大学、嘉兴职业教育学院设立五芳斋奖助学金,帮助有困难的学生完成学业。

（五）背景信息

1921 年,浙江兰溪籍商人张锦泉挑着担在嘉兴老城区叫卖"五芳斋粽子",从此翻开了老字号的历史篇章。

20 世纪 40 年代,五芳斋粽子以"糯而不糊、肥而不腻、香糯可口、咸甜适中"的特色被誉为"粽子大王"。1956 年公私合营,"荣记""合记""庆记" 3 家"五芳斋"及"香味斋"合为一家"嘉兴五芳斋粽子店"。又经历了半个世纪的变迁,五芳斋坚守品质之道,铸就了家喻户晓的金字招牌,也成了嘉兴的一张城市名片。

五芳斋作为"中华老字号"品牌,在尊重历史传承的基础上,融入时代精神,与时俱进、开拓创新,秉承"和商"的经营理念,弘扬"和谐、诚信、卓越、创新"的企业精神,坚持守护和创新中华美食的品牌使命,围绕"以糯米食品为核心的中华节令食品领导品牌"的战略愿景,持续实施"糯十"业务发展战略。如今,五芳斋仍尊崇"和商"理念,秉承传统美食文化之精髓,创新老字号发展之路径,倾力打造以米制品为核心的完整产业链。

（六）关键要点

（1）了解品牌资产的内涵、来源。

（2）了解品牌激活的含义，理解品牌激活的策略和战术。

（3）能够运用基于顾客的品牌资产模型对品牌资产进行分析和评估，并在此基础上运用品牌激活的相关知识为衰退中的品牌提出建议。

（七）课堂计划建议

本案例适用于专门的案例讨论课。以下是课堂计划及板书建议，仅供参考。

整个案例课的课堂时间控制在 55 分钟以内。

课前计划：提前一周发放案例，提出启发思考题，请学生在课前完成案例阅读并进行初步思考。

课中计划：

案例介绍（15 分钟）。教师做简要发言，然后让学生充分了解红色革命精神，重点关注案例所体现出的"红船精神"。

案例分析讨论（20—30 分钟）。让学生认真读完案例后，教师可以让学生分享案例阅读感受，并引导学生进行案例问题分析。

总结点评（10 分钟）。由案例正文描述转到问题思考继而引出相关理论。教师在听完学生们的发言后，要及时对本次上课内容做出总结点评，让学生学有所获。

黑板计划如下：

板书 1

五芳斋的困境——品牌老化

（1）对年轻人没有吸引力；（2）高知名度、低认知度。

五芳斋陷入困境的原因

(1)品牌理念过时;(2)组织结构固化。

五芳斋的品牌联想

前:粽子、端午节送礼、老字号、传统食品。

后:粽子、咸鸭蛋、传统食品、"中二"、脑洞大开。

板书 2

五芳斋的品牌激活策略

更新旧的品牌资产来源	(1)坚持传统匠心和情怀 粽艺文化长廊、"一座城和它的 99 种粽味人生"大型故事征集活动
	(2)坚持传统手工制作工艺
创建新的品牌资产来源	(3)"互联网+"思维:建立无人智慧餐厅、线上直播
	(4)脑洞大开的创意广告
	(5)品牌联名、新品频出

板书 3

老字号品牌崛起的启示

(1)创新的同时坚持传统但不守旧;

(2)重视年轻消费群体。

总结

(1)评估:对目标品牌的品牌资产进行评估;

(2)决策:对目前品牌联想中需要保留和新增的部分进行决策;

(3)实施:制定并实施品牌激活策略;

(4)反馈:对目标品牌的品牌资产进行再次评估,看是否与预期目标一致。

课后计划:请学生结合课堂学习内容选择一个感兴趣的品牌,为其制定品牌激活方案或者分析其品牌是如何成功被激活的。要求学生在两周后的课上以小组汇报形式完成一次案例分析报告。

(八)相关附件

1."红船精神"

内容:开天辟地、敢为人先的首创精神,坚定理想、百折不挠的奋斗精神,立党为公、忠诚为民的奉献精神,是中国革命精神之源[3]。

提出背景:1921 年 8 月初,中国共产党第一次全国代表大会在浙江嘉兴南湖的一条游船上成功闭幕,庄严宣告中国共产党的诞生。这条游船也有了一个载入史册的名字——红船[3]。尽管"红船精神"在 20 世纪初就已经存在了,但正式以理论的形态提出是在 2005 年之后,当时中共嘉兴南湖区委开展对"红船精神"的大讨论,对嘉兴人文精神初步做出概括——"开天辟地、坚定信念、劈风斩浪、扬帆起航",引起了时任浙江省委书记习近平同志的注意。2005 年 6 月,习近平同志在《光明日报》刊文《弘扬"红船精神" 走在时代前列》,站在时代和理论的高度,正式提出并系统论述了"红船精神"的科学概念及深刻内涵[4]。"红船精神"不仅是中国共产党革命精神之源、先进性之源和优良传统之源,更是全面从严治党的宝贵精神财富,是培育和践行社会主义核心价值观的重要价值源泉,是实现中华民族伟大复兴的精神动力[5]。

2.五芳斋坚持做公益,积极承担社会责任

(1)做公益送温暖。

①五芳斋端午公益行——以爱之名,情暖端午。在每年端午节到来之际,五芳斋为万舟幼儿园、老年公寓、嘉兴市社会福利院、嘉兴市特殊教育

学校等地的老人和孩子们,送去爱心满满的粽子,为他们送上一份温馨的节日问候。

②爱心捐赠。五芳斋在每年的中国粽子文化节,和中国食品工业协会、中食协粽子行业委员会、嘉兴市慈善总会一行启动爱心捐赠活动,每年有上万只五芳斋爱心粽陆续送达嘉兴市社会福利院、老年公寓、特殊学校等社会慈善机构,为老人和孩子们送去温暖。

③为环卫工人提供爱心早餐。2018年11月12日,为切实把对环卫工人的关心关爱落到实处,由五芳斋旗下湖州天天放心早餐工程有限公司和湖州市环境卫生管理处、湖州执法局联合主办的"城市因您而美·关爱环卫工人"爱心周活动启动。活动主办方向湖州的539名一线环卫员工共提供早餐券2695张,在活动期间,环卫工人可凭券到湖州各早餐店吃早餐。从此其成为一个长期公益关怀项目,带动社会各界参与这项公益活动,使得城市弱势群体和边缘人群受到更多关注和帮助。

(2)助力嘉兴教育事业发展。

①"幸福传递"助学计划。自2012年5月起,五芳斋"幸福家庭基金"走进嘉兴当地的学校,启动"五芳斋幸福传递"助学计划,资助一些品学兼优但家庭困难的同学部分生活费用,目的是帮助受资助学子感受幸福,分享幸福,让他们以乐观开朗的态度积极面对人生。

②五芳斋奖学金和教学金设立。2005年,五芳斋于嘉兴一中设立五芳斋奖学金和教学金,每年奖励优秀的教师及嘉兴一中高考取得文、理前三名的优秀毕业生。2014年1月8日,五芳斋与嘉兴市人民教育基金会签订了关于设立第二届五芳斋奖学金的协议,五芳斋将继续向嘉兴一中捐资80万元,奖励品学兼优的学生及优秀教师。同时,五芳斋还在嘉兴职业技术学院和浙江工商大学设立五芳斋奖助学金,通过奖励优秀师生人才,实现企业回报社会、促进教育事业发展的公益梦想。

五芳斋相关负责人表示,青少年是社会发展的未来人才力量,需要全社会一起来关注,助力教育发展是每个企业应有的社会责任,五芳斋会一直关注教育事业,践行企业的社会责任。

（九）参考文献

[1] 徐姝静.五芳斋"不老"之术[J].创新世界周刊,2019(8):76-79.

[2] 凯文·莱恩·凯勒.战略品牌管理[M].4版.北京:中国人民大学出版社,2014.

[3] 习近平.弘扬"红船精神" 走在时代前列[N].光明日报,2005-06-21.

[4] 杨晓伟."红船精神"研究综述[J].嘉兴学院学报,2014,26(2):10-15.

[5] 黄文秀,赵金飞,郭维平.习近平"红船精神"论述的深刻内涵及重大意义[J].嘉兴学院学报,2016,28(4):5-11.

穷则变,变则通,通则久

——长虹的抗震救灾之战

一、案例描述

(一)引　言

2008年5月12日,汶川8.0级地震发生后,通信和交通瘫痪,北川县城在地震中损失严重,数千人被埋,城市瞬间被夷为平地。同样身处震区的中国家电龙头企业长虹也在地震中遭到重创,厂房倒塌,设备受损。这场突如其来的大地震让长虹人不禁有些担心:地震灾害严重吗? 绵阳总部的损失情况严重吗? 生产经营是否中断? 什么时候能够恢复生产? 完成原定全年400亿元的营业目标还有无希望?

作为一家四川地方支柱企业和大型国有企业,长虹面对突如其来的灾难,选择了坚强,一边积极抗震救灾,一边积极恢复生产。

(二)不畏艰险,顽强自救

5月12日下午,地震发生时,厂房剧烈的摇晃令长虹员工慌了神。从震中回过神的长虹员工得知地震来临后,便开始有序自救。"拉闸,拉闸,拉闸!"保卫队队长铁牛朝着厂房员工吼叫道,"快跑,到对面去,别站在那里。"伴随着铁牛和值守队员的叫喊声,长虹总部3万多名员工在短短两三分钟之内安全撤离到空旷的安全地带。铁牛满意地对值守队员们说道:"兄弟们,多亏了咱们平时严格的消防安全演习,在撤离过程中没有发生一起人员踩踏等重大安全事故。"

震情稍稍平息后，长虹的领导们意识到面临的是一场超大的自然灾害，便迅速组织保卫人员在长虹门前的小广场上支起几顶帐篷，充当长虹抗震救灾的临时指挥部，迅速开展企业抗震救灾工作。"只要我们全体长虹人团结一致，就没有战胜不了的困难！"董事长赵勇领着众领导的喊话给了在地震面前有些惊恐和茫然的长虹员工和家属极大的信心和安定感。

在临时搭建的帐篷里，长虹的领导班子开始讨论企业自救的具体事宜。赵董率先发言："由于这场突如其来的灾害，企业的生产环境发生了巨大的改变。我们首先需要自主了解环境状况，在获取准确、及时的消息的基础上，进行生产计划的调整。"刘体斌总经理汇报道："之前保卫队队长铁牛向我汇报过人员受伤情况和厂房受损情况，企业无重大人员伤亡，但企业大楼的外部玻璃全部震碎，内墙破裂，同时部分厂房倒塌，生产线大部分受损严重，目前预估企业因灾害受损的金额为 1.5 亿元。"听着刘总汇报中令人触目惊心的数字，在场的负责人都把心提到了嗓子眼。技术部的负责人小楼咽了咽口水，说道："受损严重的生产线在短时间内是没有办法恢复的，但是对于受损不大的生产线可以经由公司自有的维修队仔细检修后，再由相关专家鉴定确认能够恢复生产后再开工。"赵董说："既然我们没有办法通过自身力量控制环境并使之适合本企业发展，那我们就避开目前对我们不利的环境。"刘总赞同道："当前企业所处的地震突发环境等各种因素变化大，且多种因素的变化程度无法预测和掌控，因此我们得避开目前企业所处的环境，尽快调整企业的生产目标。"小楼建议道："要不安排长虹其他地方的生产基地增加产量？"赵董说："不错，那就线上联系其他生产基地，将我们这边的部分生产任务按照各基地生产技术条件合理地分发给他们。"很快，小楼就拨通了长虹在各个地方基地负责人的电话，将四川本部的生产指标分配给各基地，调整计划，增加产量，保证市场对产品的需求得到满足。

（三）不负众望，逐步复工

"赵董，虽说通过增加广东、江苏、吉林等生产基地的产量能够暂时满足市场需求，但这毕竟不是长久之计，各基地超负荷地工作肯定是吃不消的。企业原定今年完成400亿元营收额的目标估计是要打水漂了。"刘总担忧地说道。赵董笑着说道："老刘，你和我想到一块去了。看到刚刚从帐篷出去的技术总监小楼了吗？我跟他商量了本部恢复生产线的事宜。"刘总焦急地问道："那他怎么说呀？现在处于震中的外部环境对我们企业的发展起到了阻碍作用，我们到底该如何克服呢？"赵董说："面对环境中不利于企业发展的因素时，可以通过内部灵活变通去适应它。"刘总连忙说道："赵董，您快别卖关子了，快说说具体的方法吧。"赵董笑笑说："老刘，别急，我们准备小规模地恢复生产线，比如一天恢复一条生产线，这样做会有两方面好处：一是安抚企业员工对是否能够复工的担忧情绪；二是目前不知道后续是否会发生余震，小规模地恢复生产线也有利于降低企业后续的损失。"刘总听后频频点头："这确实是最稳妥的做法，那什么时候第一批生产线能恢复生产呢？"赵董说道："暂定16日，到时候会举办复工仪式。"

16日下午，由董事长赵勇牵头，举办了一个简短的复工仪式。赵勇在仪式上说道："举办这次仪式是想向大家说明长虹后续恢复生产的安排，预计在19日起将全面恢复生产。我知道大家心里多多少少有些担忧，但在任何时刻都要坚信，只要我们全体长虹人团结一致，就没有战胜不了的困难！"听完赵董的发言后，企业各员工便积极有序地投入复产中……

（四）万众一心，众志成城

企业自救完成后，绵阳市抗震救灾指挥中心传来消息："北川在震中发生了惨重的人员与财产损失。"赵董一听到这个消息，便立即向绵阳市抗震救灾中心主动请缨参与抗震救援工作。"赶快组织一支长虹抢险队去北川,救援受灾群众。"赵董向刘总吩咐道,"作为地方'老大哥',长虹责无旁贷。"刘总支支吾吾地说道:"赵董,要完成这个任务面临着很大的难度,企业也刚从地震的冲击中回过神来,通信基本中断,调度困难。一些人还处于未联系上家人的焦急中,而疏散后的员工已经分布到了各个小区,短时间集中困难很大。"赵董补充道:"那试试召集企业附近家属区的成员。"

说干就干,刘总和郭德轩副总经理两人提着大音响奔往家属区,靠着大喇叭喊、奔走相告的办法,不足两三个小时就迅速组织了500人的抢险队伍前往北川抗震救灾。刘总担心运输物资的车辆不够,便再次派遣1000多辆次投入各项救灾工作之中。

除了组建志愿者队伍和派送车辆前往灾区抗震救灾外,长虹向市政府请示,主动将1300多名北川中学师生接到长虹虹苑及体育活动中心,免费为师生提供食宿和医疗服务。长虹董事长更是将外界向长虹捐赠的现金全部转赠给北川中学,支持学校重建。而长虹则默默忍受着由这场突如其来的灾害而带来的1.5亿元的损失。近一年的时间里,这些学生一直都在绵阳的长虹培训中心学习和生活,长虹也一直给予他们无私的关爱。

(五)风雨之后,长虹依旧

长虹积极参与灾后重建方面的工作,提供爱心服务行动,不局限于提供产品,而是提供一套解决家庭生活的方案,包含电视、冰箱、空调等,帮助灾区人民尽快恢复正常生活。刘总欣慰地说道:"救灾与重建,是灾后大家的共同使命,无论是眼前还是未来,企业都应该与社会一起,这是一个企业公民的道义承担。"灾后的长虹,发展势头良好,综合经营实力不断加强。

二、案例拓展

（一）教学目的与用途

本案例适用于工商管理学科的本科生及 MBA 等学员使用，也适用于"管理学"课程中有关管理环境的知识点教学。

本案例描述了四川长虹在"5·12"大地震环境下，积极应对组织外部环境变化，采取高效有力的措施，一边抗震救灾，一边积极恢复生产的过程。具体来说，本案例教学的目的聚集于以下几个方面：

（1）通过了解本案例，引导学生掌握组织环境的定义、特点、关系及定位；

（2）通过了解本案例，引导学生掌握组织环境的新变化和组织应对环境变化的举措；

（3）通过了解本案例，引导学生掌握组织在组织外部环境变化中所承担的社会责任；

（4）通过了解本案例，引导学生对"抗震救灾精神"做出创新性思考并且探索组织应该如何有效管理组织外部环境。

（二）启发思考题

1. 什么是组织环境？组织环境有哪些特点？"5·12"汶川地震后，四川长虹所面临的组织外部环境属于哪一类型？

2. "5·12"汶川地震后，四川长虹的外部环境发生了哪些变化？该企业采取了哪些有效措施应对灾后环境变化？

3. 你如何看待四川长虹完成自救后的一系列抗震救灾行为？

4. 你对新时期"抗震救灾精神"有什么新的解读？你认为企业怎样才能更好地做好抗震救灾工作？

（三）分析思路

本案例描述了"5·12"汶川地震爆发的第一时间,从震惊中回过神的四川长虹积极应对组织外部环境变化,短时间内有序完成企业自救后,心系北川,短短 3 个小时内招募 500 人,组成第一支成建制营救队前往北川抗震救灾,并将外界所捐资金全部转赠北川中学用于灾后重建的事例。教师可以根据案例情节中四川长虹从"顽强自救"到"对外援助"的递进关系,按照"组织环境定义、特点和定位—组织环境的新变化和应对措施—如何高效管理组织外部环境"这样的分析思路来讲述环境管理的相关知识点,并且重点分析团队的应对措施,并研究应该如何高效管理组织外部环境。

教师可以结合课堂情况,根据自己的教学目标来灵活使用本案例。本案例的分析思路如图 1 所示,仅供参考。

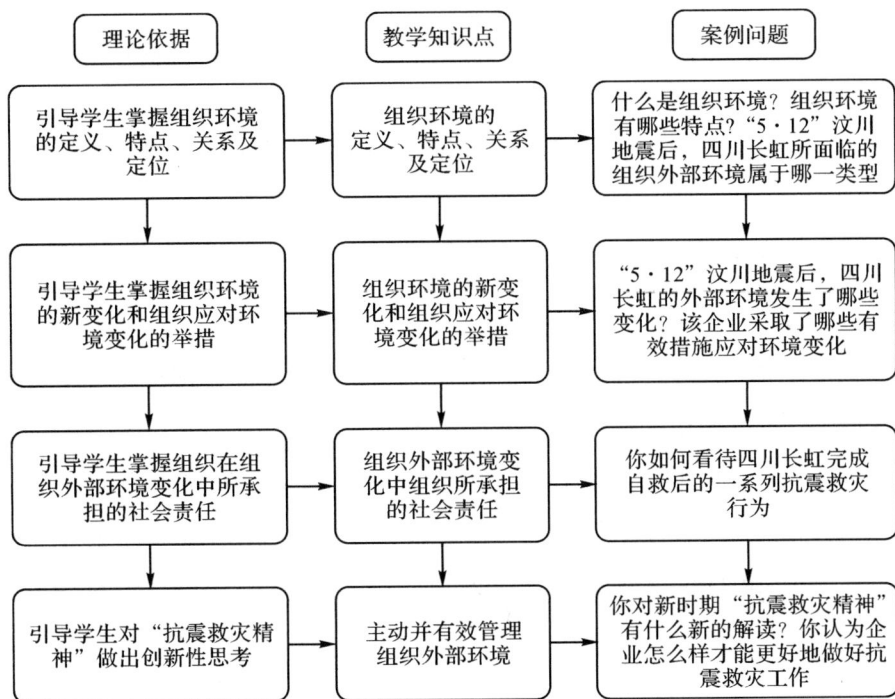

图 1　案例分析思路图

（四）理论依据及分析

1.什么是组织环境？组织环境有哪些特点？"5·12"汶川地震后，四川长虹所面临的组织外部环境属于哪一类型？

【理论依据】

（1）组织环境的定义。组织环境是由多种因素构成的复杂系统，这些因素相互影响、相互制约。同时，组织环境是一个随时间变化的动态系统，不仅构成组织环境的因素在变化，而且这些构成因素的相互关系也在不断变化。这使得组织成功与失败的原因变得错综复杂，也使得组织的经营管理决策的确定变得极为困难。

（2）组织环境的特点。

①客观性。组织环境不以人的意志为转移。在进行组织活动时，应该积极适应环境，发挥主观能动性。

②动态性。组织的环境因素在不断地变化，这种变化使各种环境因素与组织的内部要素之间的平衡被打破，导致组织结构发生变化。

③变异性。多方面的具体环境构成组织环境，往往某一环境因素的变化会引起其他一系列环境因素的变化。

④系统性。社会是一个大系统，子系统是由组织的外部环境和内部环境构成，大系统的运动规律决定着子系统的运转规律。

（3）组织环境的类型。组织按照环境的变化程度，划分为动态环境和稳定环境。动态环境中各种因素变化大，稳定环境中各类因素变化较小。根据变化程度和复杂程度，可将环境划分为4种组织环境，如表1所示。

表 1 环境定位类型

复杂程度	变化程度	
	稳定	动态
简单	状态1:稳定—简单的环境	状态2:动态—简单的环境
复杂	状态3:稳定—复杂的环境	状态4:动态—复杂的环境

【案例分析】

(1)组织环境是指影响组织生存和发展的各种内外因素的结合。组织的可控因素与不可控因素组成组织环境因素。在"5·12"汶川地震中,长虹所面临的环境属于组织环境中由不可控制因素所构成的外部环境,因为地震属于自然灾害,属于不可控因素,而且因地震导致了厂房坍塌、通信中断、道路损坏,所以该组织环境是复杂的。

(2)客观性:四川长虹所面临的地震灾害的外部环境是客观存在的,不以人或组织的意愿而改变。动态性:四川长虹所处的环境是变动的,因为人为地向环境输出产品或服务,比如修缮道路,恢复信号等,也使环境处于变动之中。变异性:四川长虹不确定是否会发生余震,从而引起周边环境的系列变化,只能通过预测环境来分析判断,从而不断提升对环境的敏感性。系统性:四川长虹所面临的灾后环境是由各种外部事件和各类自然条件组合而成的,所以具有系统性。

(3)由浙江工商大学出版社出版的《管理学原理》中阐述了环境定位的4种类型。从原文案例中可以看到,地震发生导致通信中断、厂房倒塌、设备受损严重,同时不清楚是否会再次发生地震,此种情况下四川长虹面临的环境变化因素较多,因此定义为动态环境。然后,书中提及了环境的复杂程度与组成因素与组织对其的了解程度相联系,因为发生地震灾害后,四川长虹对当前环境的变化因素了解程度有限,因此是较为复杂的。综上所述,四川长虹当前面临的环境定位为状态4,即处在不断地变化之中,完全掌握全部的环境变化因素较为困难。

2."5·12"汶川地震后,四川长虹的外部环境发生了哪些变化? 该企业采取了哪些有效措施应对灾后环境变化?

【理论依据】

在《第五项修炼》中,美国学者彼得·圣吉(Peter Senge)提出了一种新的管理观念——学习型组织。圣吉认为,未来内外部环境变化激烈,企业都应建立学习型组织,树立终身学习的理念,不断进行自我组织再造,从而维持和提高企业的竞争能力。

建立学习型组织是企业为了应对环境的变化所采取的举措。学习型组织包括哪些要素呢?圣吉认为,企业要建立学习型组织必须进行5项修炼:①建立共同的愿景;②团队共同学习;③改变、超越心智模式;④自我的超越;⑤系统的思考。

【案例分析】

地震发生时,四川长虹面临交通瘫痪、交通阻塞、信号中断、厂房坍塌和设备受损的局面。

在《第五项修炼》中,美国学者彼得·圣吉提出的学习型组织具体表现为以下5点:

第一,建立共同的愿景。地震发生之后,长虹人集体担忧的是地震灾害严重吗?绵阳总部的损失情况严重吗?生产经营是否中断?什么时候能够恢复生产?完成原定全年400亿元的营业目标方针还有无希望?总的来说,长虹人对于企业能否在震中如期完成原定生产计划产生了担忧,同时说明他们的愿景也是一致的,希望企业早日复工,完成目标。

第二,团队共同学习。在地震发生,长虹员工从大楼安全撤离之后,领导班子聚在一起指挥,一起学习,并收集信息,展开企业的救灾工作。

第三,改变、超越心智模式。四川长虹始终都是召集领导班子共同商议,做出决策,选择最优方案,不受个人思维限制。比如,关于案例中所讲述的领导班子共同商量长虹自救及复工的事宜。

第四,自我的超越。从震中组织企业员工撤离,组织企业自救,复产复工和对外救援的工作中可以看出,大家都是各司其职,共同为同一愿景努力。比如,安全撤离的时候,保安队队长铁牛发挥了疏导作用;在商量企业自救和复产复工时,由董事长和总经理统领大局,技术部负责人把控技术;在对外救援的过程中,以总经理为总指挥,组织 500 名长虹员工前往北川抗震救灾。

第五,系统的思考。四川长虹在商量组织企业自救、复产复工和对外救援的工作这几件大事时,都是在掌握全部资讯后由领导班子共同商量所做出的决定,避免片面地解决问题。

3. 你如何看待四川长虹完成自救后的一系列抗震救灾行为?

【理论依据】

组织环境的新变化主要体现在以下 4 个方面:全球经济一体化、知识经济、企业社会责任和信息技术浪潮。在此案例理论介绍部分,着重介绍社会责任。

如今,"企业社会责任"这一思想深入人心,"社会责任"成了《财富》和《福布斯》商业杂志在评选优秀企业时的标准。企业社会责任提出的主要目的是解决资本的效用最大化特性与社会满意度之间的矛盾,解决企业发展与社会共同进步的矛盾。企业如何才能更好地履行应该承担的社会责任呢?答案是不仅需要法律保障,更需要一定的思想道德境界。

【案例分析】

(1)从浙江工商大学出版社出版的《管理学原理》对社会责任的定义界定来看,四川长虹面临的组织环境新变化是 5 月 12 日汶川发生特大地震,北川瞬间被夷为平地。而作为一家地方支柱企业和大型国有企业,长虹面对突如其来的灾难,没有选择逃避而是选择积极承担社会责任,一边抗震救灾,一边恢复生产。

(2)四川长虹在承担社会责任中的具体表现为:

①向绵阳市抗震救灾中心主动请缨参与抗震救援工作,得到允许后,迅速组织,形成第一支成建制营救队前往北川抗震救灾;

②担忧运输物资的车辆不够,便再次派遣 1000 多辆次投入各项救灾工作之中;

③默默承受自身 1.5 亿元的直接损失,将外界向长虹捐赠的所有款项捐赠给受灾地区学校重建。

4.你对新时期"抗震救灾精神"有什么新的解读?你认为企业怎么样才能更好地做好抗震救灾工作?

【理论依据】

大部分企业常常受环境控制,对改变外部环境不知所措,但并不意味着组织管理者无法降低外部环境的影响。管理者应该学会以下管理环境的方法。

(1)树立正确的环境管理观念。

(2)选择合适的环境管理分析方法。

(3)遵循科学的环境管理程序。

(4)对不同环境采用不同的管理方法。

【案例分析】

浙江工商大学出版社出版的《管理学原理》中提到组织应该如何管理环境,主要从 4 个方面进行阐述。结合本案例,发现四川长虹在其中 3 个方面做得很好,1 个方面做得不足,具体分析如下:

(1)四川长虹对突发地震的外部环境的重视和反应都非常值得借鉴。

第一是对外部环境的认识、了解程度。长虹在地震发生的第一时间,让员工有序地撤离到安全地带后,便让保卫队确认公司厂房、设备的受损情况和伤亡人数,再联系绵阳市抗震救灾指挥中心,了解整个地区的受灾情况,在政府的协助之下,积极组织志愿者队伍赶赴北川抗震救灾。同时,暂停四川本部的生产计划,暂时改变生产计划,将本部的部分任务指标分发给广东等地的生产基地。

第二是企业遵循科学的环境管理程序。管理者要清楚环境变化,认真研究其变化规律,预测环境变化趋势,并对各种环境因素的变化做出相应的反应。

①在掌握环境方面,上述内容已经对四川长虹的反应进行了详细的阐述,此处便不再过多赘述。

②在了解、认识环境的基础之上,对各种环境因素的变化做出反应。四川长虹意识到自然灾害给企业带来的影响是不利于组织发展的,所以对于阻碍组织发展的因素,及时调整生产计划目标,求助外省的生产基地;当地震过后,面临服务商、经销商网络瘫痪的情况,四川长虹积极组织多次活动重建灾区,并与政府携手,共同进行四川灾后恢复工作。

第三是企业对不同环境采用不同的管理方法。对于不能改变的外部环境,主动地去适应它。四川长虹在本案例中面临 3 个不同的时间段灾情变化程度不同的环境,企业对环境的应对措施也各不相同。

首先是对地震发生时外部环境的反应。由于灾害的影响,公司厂房坍塌,设备受损严重,四川长虹决定在以安全为前提的基础之上停掉受损严重的生产线,暂时调整生产计划,通过增加广东、江苏、吉林等地的生产基地的产量来满足市场需求。

其次是地震发生后外部环境稍微稳定,此时无法明确是否会有第二波地震发生,四川长虹的员工均是忧心忡忡。在这种环境之下,四川长虹选择了小规模地恢复生产线,一方面是可以安抚员工的情绪,另一方面是小规模地恢复生产,倘若后续还有余震等突发情况,企业的损失程度会大大降低,同时可以减轻四川省外其他基地额外分配的任务量,努力完成企业制订的年度总营收目标。

最后是在灾后重建阶段。地震发生之后,企业的服务商、经销商网络断裂,灾区困难民众增加,当地的销售难度持续增加。面对这种情况,四川长虹积极承担社会责任,与政府携手参与四川的灾后重建工作,为四川的数字化助力;针对灾区困难群众多且部分家庭的基本家电无法保障的情况,四川长虹提供家庭生活解决方案,其中包含维持正常生活所需的基本电器,同时采取分期付款的方式,降低困难民众的生活压力。

(2)四川长虹在外部环境突发地震时,做得不足的有一点:企业未选择合适的环境管理分析方法。分析企业内外部环境的方法众多,进行环境分析与管理时,理应选取适合的方法。

四川长虹在认识、了解外部环境的基础之上,选择合适的外部管理方法时并未选择上述理论工具进行系统性的分析,而是召集领导班子,通过讨论协商之后得到环境管理方案,具有一定的风险性。

(五)背景信息

2008年5月12日,四川汶川发生8.0级特级大地震,是新中国历史上破坏性最强、波及范围最广、救灾难度最大的一次地震。地震撕开的不只是四川盆地边缘那个巨大的断裂带，更是我们中华民族的伤口。面对新的考验，强大的救援力量再次集结，庞大的社会资源再次汇聚。地震发生后，中国共产党和政府带领全国军民用抗震救灾的实际行动，向世界展示了中华民族的空前团结，展示了中国力量的强大，中华民族不断前行的"抗震救灾精神"。

（六）关键要点

通过学习四川长虹面临剧烈变化的外部环境时所承担的社会责任，分析环境管理过程中遇到的问题和所做出的决策，有助于学生加强对企业社会责任和环境管理过程的正确认识。

（七）课堂计划建议

本案例可用于专门的案例讨论课。如下是按照时间进度提供的课堂计划建议，仅供参考。

整个案例课的课堂时间控制在 45—50 分钟。

课前计划：教师应制定详细的教学计划，包括案例的讨论形式、步骤及讨论点的时间划分，并根据整理的知识点和讨论点及教学计划，制作 PPT 或者其他多媒体材料。提前 1 周发放案例，提出启发思考题，请学员在课前完成阅读和初步思考，为正式上课做准备。

课中计划：

课堂前言（4 分钟）。教师可以先让学生分享一下自己对"5·12"汶川大地震事件中印象最深刻的企业抗震救灾例子，并引导学生思考企业社会责任对企业意味着什么。随后可以简要介绍案例，带领学生回顾案例内容，并展示案例启发思考题。

分组讨论（6 分钟）。教师可以根据课堂实际情况，将学生分为几个小组，让每个学生在组内交流课前就已经形成的对案例启发思考题的看法。

教师此时应当作为旁观者,仔细观察每个小组的讨论。

进行互动(23分钟)。教师可按照故事线、问题线、知识线3个层次分别对各个小组成员进行提问,邀请小组代表回答问题,并依据讨论结果对案例进行进一步的总结和指导。下面给出每个问题建议的讨论时间:第一题5分钟;第二题5分钟;第三题5分钟;第四题8分钟。

案例总结(12分钟)。教师借助PPT和板书相结合的方式,对本堂课程进行总结,评价各小组讨论情况,并结合案例相关内容进行关联性说明,从而对本案例所讨论的知识点进行归纳总结。

黑板计划如下:

板书1

环境组织的定义？环境组织的特点？

1.环境的最初含义是指空间意义的范围大小,随着社会的发展,环境的定义逐渐突破狭窄的空间属性。

2.环境组织的特点为客观性、动态性、变异性和系统性。

四川长虹的环境定位类型

复杂程度	变化程度	
	稳定	动态
简单	状态1:稳定—简单	状态2:动态—简单
复杂	状态3:稳定—复杂	状态4:动态—复杂

板书2

四川长虹当前面临怎样的组织环境新变化

汶川发生8.0级特级大地震而导致周围通信和交通瘫痪……

该企业采取了哪些有效措施应对灾后环境变化

(1)建立共同愿景:地震发生之后,长虹人集体担忧的是地震灾害……

（2）团队学习：在地震发生之后，长虹员工从大楼安全撤离之后……

（3）自我超越：组织企业员工撤离，组织企业自救……

（4）系统思考：四川长虹领导层商量组织企业自救、复产复工和对外救援……

板书 3

四川长虹如何更好地管理环境

（1）四川长虹在地震突发时，做得比较好的几方面：

第一是企业树立了正确的环境管理观念……

第二是企业遵循了科学的环境管理程序……

第三是企业对不同环境采用不同的管理方法……

（2）四川长虹在地震突发时，做得不足的一点：

企业未选择合适的环境管理分析方法……

板书 4

四川长虹承担了什么社会责任

作为一家大型国有企业和地方支柱企业，长虹面对突如其来的灾难，没有选择逃避而是选择积极承担社会责任，一边抗震救灾，一边恢复生产。

四川长虹向绵阳市抗震救灾中心主动请缨参与抗震救援工作……

四川长虹担忧运输物资的车辆不够……

四川长虹成立"5·12"长虹抗震救灾指挥部志愿者调度中心……

四川长虹默默承受 1.5 亿元的直接损失……

课后计划： 在课后，教师可以根据实际情况，请学生采用报告的形式，结合该企业外部环境管理的过程，探讨灾后企业如何有效管理外部环境，帮助学生掌握环境管理等相关理论。

（八）相关附件

"抗震救灾精神"

内容："万众一心、众志成城，不畏艰险、百折不挠，以人为本、尊重科学"。

提出背景："抗震救灾精神"是胡锦涛同志于 2008 年 10 月 8 日在全国抗震救灾总结表彰大会上对全党全国各族人民在四川汶川地震中所表现出来的伟大精神的概括。"抗震救灾精神"是集爱国主义、集体主义及社会主义精神为一体的精神，是中华民族精神在当代中国的新发展和集中显现。

（九）参考文献

[1] 余欣. 与灾区人民同呼吸：中国建设银行董事长郭树清、行长张建国、监事长谢渡扬慰问灾区、指导抗震救灾工作[J]. 中国金融家,2008(6):82-86. DOI:10.19294/j. cnki. cn11-4799/f. 2008.06.009.

[2] 邓丽华. 地震中,勇敢向前冲！——记华电四川公司党组成员、副总经理、总工程师,抗震救灾指挥部副指挥长夏一勇[J]. 四川水力发电,2008(3):37-39.

[3] 王峻. 汶川地震牵动人心长虹、英特尔四川厂全面停产[N]. 电子资讯时报,2008-05-15(A01). DOI:10.28221/n. cnki. ndzzx. 2008.000913.

[4] 柳云松,李旋. 让灾区人民的心不再颤抖：本报专访辽宁省赴四川地震灾区心理危机干预医疗队副队长刘长辉[N]. 卫生与生活报,2008-06-02(003). DOI:10.28833/n. cnki. nwssh. 2008.001234.

[5] 中国数学电视网. 四川长虹基本恢复生产等离子屏生产线无大碍[J]. 稀土信息,2008(6):27.

［6］陈建军.四川长虹因地震经济损失约1.49亿［N］.上海证券报,2008-05-28(B01).DOI:10.28719/n.cnki.nshzj.2008.011748.

［7］胡洪森,左延鹊,梁靓,等.长虹:地震影响业绩上游获得突破［N］.中国电子报,2008-12-11(017).DOI:10.28065/n.cnki.ncdzb.2008.004157.

［8］方茜.长虹:地震中的家电抗灾卫士［J］.日用电器,2008(6):34-35.

［9］亚铁.长虹:地震未对其产生重大影响［N］.民营经济报,2008-05-15(016).DOI:10.28574/n.cnki.nmyjj.2008.001493.

［10］周悦,刘巧玲.多家公司进行灾后生产自救:华润锦华和四川长虹已逐步恢复生产［N］.证券时报,2008-05-20(C02).DOI:10.38329/n.cnki.nzjsb.2008.008678.

［11］田立民.四川长虹昨进入生产恢复阶段［N］.上海证券报,2008-05-17(003).DOI:10.28719/n.cnki.nshzj.2008.010901.

［12］郝云宏,向荣.管理学原理［M］.北京:机械工业出版社,2018.

推陈出新，闯出新路

——潍柴厂的国企改革之路

一、案例描述

（一）引　言

1998 年夏，山东省潍坊市奎文区的一座具有年代感的厂子[潍坊柴油机厂（以下简称"潍坊厂"）]里，工人们三三两两地干着活，虽然手上忙活着，嘴里却也不闲着，工人张大爷正抱怨着这个月的工资又拖欠了。"老张你说说，这工资已经两个月没发了，再不发这米都要吃不上了！"老张好脾气地笑笑说："公司现在赚不到钱，日子不好过没办法，不管怎么样国家的单位不会让我们饿死的。"话音刚落，整个厂子"砰"的一声响，所有的灯光、机器都停止了运转，本来还亮堂的厂子，一下子变得昏暗起来，员工们乱哄哄地七嘴八舌讨论起来，过了 10 分钟，分管工人的经理走过来说道："大家今天辛苦了，把机器和材料收拾一下先回家休息半天，明天再米上班吧。"而由一扇门隔开的会议室中，借助日光的亮度，潍柴厂的大小领导们正在开会，里面的氛围十分压抑。

时任副厂长的谭旭光看着销售部门和生产部门的负责人吵得不可开交。销售部门负责人说生产部门生产出来的产品质量太差导致产品无人问津，而生产部门负责人却认为是销售部门的责任。行政部门劳资处询问分管财务的负责人员工工资该怎么办，得到的是财务负责人的一句不知道。厂长拍了拍桌子："请大家安静一下。"慢慢地，会议室安静下来了。"今天开会，是想要跟大家宣布一件事情，现在厂里的情况很糟糕，相信大家都有所了解,我认为我的个人能力或许不足以带领潍柴厂重新站起来,因此,今天我是来向大家提出辞呈的。希望有对个人能力有信心的、对潍柴厂的未来发展有想法的,向中国重汽(当时潍柴厂隶属于中国重汽)表明愿意接管这个厂子。在此我向大家深表歉意也抱有期望。"语毕,厂长向着众人深深地鞠了一躬后走出了会议室,留下满脸惊愕的众人……

(二)临危受命的谭旭光

回到家中的谭旭光接到了中国重汽的电话,不管是对厂长的请辞还是中国重汽希望他来接班的要求,他都感到十分震惊。

他回忆着过去在潍柴厂经历的点点滴滴。他从 16 岁年少的时候开始在厂里工作,为了多了解一些产品、技术的知识,白天上班晚上看书。后来凭着一股不服输的精神,争取到了广交会潍柴厂的第一个独立展位,出国后在印尼为潍柴厂的外贸出口奔走,后来出口总量翻了十几倍,潍柴厂成了当年中国机械行业出口量第一的企业。过去的潍柴厂如日中天,大家在一起工作都很快乐也很卖力。想到潍柴厂的现状,他感到揪心,他的前半生跟潍柴厂紧密相连,他的父母、朋友、师傅都在潍柴厂,如果潍柴厂倒闭了,大家都要失业,多少家庭会因此而深受打击……

谭旭光想,潍柴厂继续像现在一样运行肯定是不行的,企业要延续、生存下去,就应该依靠自己的产品、依靠市场,不能将希望都寄托在政府救济上。他想,过去把潍柴厂的外贸做起来,不几乎是从零开始的吗?现在我又在害怕什么呢?

(三)扛着铡刀搞改革

翌日,谭旭光如往常一样来到潍柴厂后,咨询了各个部门状况后,被告知账面上只剩下 8 万元的资金,而内债外债加起来却有 3 亿元,几千倍的差距。谭旭光找到财务部问了才发现,公司每一天的运转都是收不抵支的,光电费每个月就要 400 多万元,一年至少 5000 万元,而用车的各种维修、汽油等费用年均也高达 2000 万元,而像幼儿园、学校、医院等为员工服务的产业,也都亏损得厉害。而物资采购所浪费的资金更是让人瞠目结舌,谭旭光对采购人员的"挥金如土"感觉十分震惊,问:"这些成本难道不都是可以降下来的吗?"财务部负责人摇摇头道:"这些都是十几年下来大家习惯了的事,不可能改得掉。"

改革要推行,最重要的,除了有正确的政策之外,还必须要有坚定的改革心,每一个管理者都要是坚定的发起者和执行者。改革的第一步,除了要节流求生外,还必须将整个公司变成一块铁板,万众一心才能成就改革大事!在任职大会上,谭旭光在众人面前约法三章(见图 1),同时又在一个月后的职工代表大会中,通过了一系列"惊天动地"的改革方案。

> 坚持原则,敢抓敢管,不做老好人,不当太平官;
>
> 扑下身子,真抓实干,为企业干实事,为职工办好事;
>
> 以身作则,清正廉洁,要求职工做到的,我们首先做到,不允许职工做的,我们坚决不做。
>
> ——1998年6月27日谭旭光在全厂领导干部全体会议上的讲话

图 1　1998 年谭旭光在全厂领导干部全体会议上的"约法三章"

(四)千磨万击还坚劲,任尔东西南北风

首先就是要向臃肿的管理体制开一刀。谭旭光说:"一定要激起员工的危机意识,不要让他们以为厂子肯定饿不死他们。"于是他大手一挥,把干部终身制改为干部聘用制,所有人竞争上岗,能力强者进,能力平者退。原本 24 个管理部室也被砍到只剩下 9 部 1 室 1 中心。为了好好安置那些被砍部门及退下来的员工,谭旭光甚至拿到了潍坊市特批的 500 个退休名额,再加上一些企业内部提前退休的名额。而即使是这样的做法,也受到了强烈的抵制。

在会议上,分管用人的林副厂长当即就坐不住跳了出来:"这怎么成啊,这根本办不到!根本不知道该让谁回家去!"谭旭光掷地有声地道:"让那些完不成任务的员工回去!所有留下的人,一定都是能够做好自己岗位的事情的!"林副厂长仍然坚持己见,这副顽固不化的样子让谭旭光意识到,与改革对着干的管理者,不能要!1小时后,这位林副厂长就在会议上被免职。就这样大刀阔斧地修正了一番,厂里的人都感到了改革的紧迫,谭旭光以身教之,新老干部也跟新上任的谭厂长一样,认为改革势在必行,这激起了下面员工的一丝干劲,期待着改革后厂里能一飞冲天。

将管理班子和各部门里里外外整顿了一遍后,谭旭光发现效率是高了不少,但是厂里一天的开支仍然居高不下,高达65万元。虽然现在刚开始改革,大家都还有劲,但是把资金问题解决了才是当务之急。因此,谭旭光连夜召集了骨干们,开始琢磨着这件大事。"大家伙都来想想办法,现在厂子该怎么减少开支,把钱花在该花的地方去。咱不能让员工光给厂子卖力却不给他们奖励啊。"

谭旭光一边翻开这几个月公司的财务报表,一边听着财务部部长张生在耳边叨叨着:"要我说,有一些项目投了也不赚钱,一直亏钱,就应该先从这些项目开始整改。像是上半年涉水的快餐店,投了43万元,最后3个月倒赔8万元。"项目部谢部长点点头:"这笔买卖不划算,我觉得现在公司应该把心思都用在厂子里重要的项目上,跟主业无关的项目暂时不要投,舍掉比较好。"谭旭光点点头,将这件事记下。张部长此时又开腔:"还有就是销售部,销售一部上个月的营业额总共5万元,可是怎么接待费也5万元呢,这不是没赚吗?后勤部也是,去年100万元的预算,有60万元的电话差旅费,这也有些匪夷所思了吧?"大家七嘴八舌地讨论起来,销售部和后勤部部长对视一眼,挠挠头,道:"可一直以来都是这样开销的,也不知道该怎么改呀?"此时,新的副厂长陈柘说:"其实也不难,不过就是大家出差都习惯了吃好的、住好的,现在厂子不景气,大家出门在外住个标间,少吃点大饭局,接待客人多花点心思在怎么满足顾客主要的需求上,少花冤枉钱,总是能省下不少钱的。"谭旭光应声道:"是啊,而且刚才听你们说了那么多,还有许多更花钱的点都没说到,比如水电暖费上,一年厂里工作哪里需要半个亿那么多的支出?我们厂的福利在潍坊市是数一数二的,但这些说白了对公司盈利是没有一点帮助的,幼儿园、职工医院每年也要几千万元的补贴,我看这一块才是非改不可的!"这一下可把各个负责人都给惊到了,没想到谭旭光敢把主意打到这一块。这些都是牵扯着职工切身利益的,动辄可能闹得不可开交,让谭旭光刚上台就下台也不是不可能的。看其他人都那么紧张,劝自己不要太较真的样子,谭旭光却打定了主意。

过了两天,就又有政策出台,说是要向全体职工收取水电暖费,职工医院和幼儿园也要对公司外人员开放,还强制休了两天假,后来整个厂的工序排班、工作时间都改了。如果说之前对人事大刀阔斧的改革就已经闹得人心惶惶,那么新政策就是一下子得罪了所有人,但好在法子是由各干部一起商量出来的,员工们即使愤怒,也不得不向现实低头,尤其是在谭旭光又召开了一次职工代表大会,将公司的状况向职工代表掰扯清楚以后,所有人都知道,这是现在唯一的法子了,如果现在不努力,被辞了或者工厂倒闭了,明天就要找工作去了。

(五)尾　声

日子一天天过去,渐渐地,员工发现最近的工资再也没有拖欠过,也没有少过,幼儿园和职工医院对外开放以后也从来没有让自己吃过什么亏,还是跟以前一样过日子,而且社会化以后服务越来越好了。工作时,发现管理岗上不再是老气横秋、官僚味儿十足的人,多了很多干劲十足、工作利落的年轻人。而过了不久,也是谭旭光开干部大会的日子,他决定要打破单一国有资本构成观念和格局,简单来说就是不再由国有股一股独大,而是要引入境内外战略合作伙伴,建立多元化股权结构,还要把股权分给核心人员来激励员工。清了清嗓子,谭旭光准备开始下一场改革,坚决要将潍柴厂办得红红火火!

二、案例拓展

(一)教学目的与用途

本案例适用于针对工商管理学科的本科生及 MBA 等学员的教学。

本案例通过阐述和分析潍柴厂负责人谭旭光团结带领广大职工大刀阔斧推进改革,打造了国企改革的"潍柴模式"的事件,旨在帮助学生了解组织变革的主要内容、组织变革的阻力、组织变革的工具及"北大荒精神"的内涵。

(二)启发思考题

1.谭旭光在引导潍柴厂进行组织变革时遭遇了哪些困难和阻力? 又是如何克服的?

2.潍柴厂是怎样进行组织变革的?

3.你认为潍柴厂改革体现了怎样的精神? 其精神内涵是什么?

(三)分析思路

本案例讲述了在国企改革的背景下,潍柴厂面临破产危机,而谭旭光面对巨大压力挺身而出,大刀阔斧搞改革,领导潍柴厂起死回生的整个过程。教师要对组织变革过程中遭到的阻力和组织变革的主要内容进行陈述,帮助学生了解使组织变革成功的工具,深入掌握其中所体现的"北大荒精神"。

任课教师可以结合课堂情况,根据自己的教学目标来灵活使用本案例。本案例的分析思路如图2所示,仅供参考。

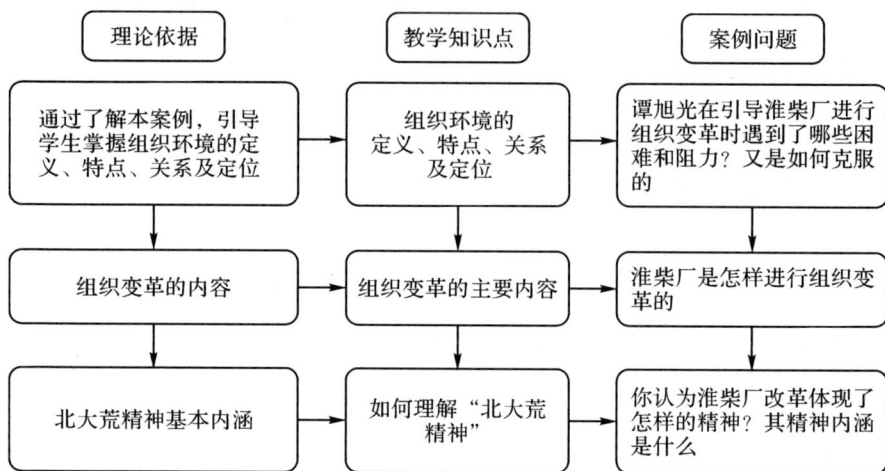

图2 案例分析思路图

(四)理论依据及分析

1. 谭旭光在引导潍柴厂进行组织变革时遭遇了哪些困难和阻力?又是如何克服的?

【理论依据】

(1)组织变革的阻力。组织变革是一个动态的过程,既有推动的力量,又有阻碍的力量。两方力量较量的结果会影响到组织变革的进程和结果。推动变革的人一般来自内部,是企业的高层管理者或部门经理,这取决于变革发生的范围。如果涉及整个企业,除非企业的最高领导努力推动,否则无人能够承担起这个责任。当然,很多时候,外部的咨询专家也会发挥重要作用。另外,变革会遭到来自个体和组织层面的阻碍。

①来自个体的变革阻力。

首先,变革必定会带来很多不确定性,即使变革最终被证明形成了多赢的局面,但在结果出现之前,一定有很多不确定性。在不确定性的状态下,人们会感到焦躁、压抑。基于过去的经验,人们会本能地反对变革。

其次,害怕失去个人既得利益。变革中经常会涉及利益和权力格局的再分配。那些认为自己是受害者的人肯定会抗拒和阻挠变革。此外,变革还经常要求人们改变自己习惯的工作方法,使原来的技术与经验贬值,人们被迫学习新的技术和工作方法。这也是一种利益损失。

最后,怀疑变革的效益。人们对变革有不同看法是很正常的。当执行者认为决策者犯了错误的时候,他们就很可能反对和抵制变革。

②来自组织的变革阻力。组织在其发展过程中慢慢形成了独特的文化、思维和运作模式,它根植于企业历史,嵌入组织的各个层面,非常稳定。这是一种自然趋势,如果没有特意寻求开放的努力和策略,组织就会变得僵化。组织僵化的程度可以从两个方面进行度量:一是变革的意愿;二是变革的能力。有时候,组织有变革的意愿,但没有变革的能力,缺乏变革的经验和人才。有时候,组织有变革的能力,但没有变革的意愿,此时组织沉迷于过去成功的策略和模式,而看不到要改变它们的必要。还有一种情况是,组织既无变革的意愿,也没有变革的能力,这发生在组织非常保守的情况下。最后一种也是最好的情况是,组织愿意而且有能力推动组织的变革。这种情形比较少,大概只发生在具有很强变革传统的企业中。

(2)组织变革的工具。变革总是要付出代价的,没有人为变革做出牺牲,没有思想观念的变革,变革几乎是不可能实现的。不能将阻力完全看成是消极的,它促使人们对变革方案考虑得更加周全,因而赢得更多人对变革的支持。使变革成功的"五大工具"内容如下。

①沟通和教育。当参与变革的相关人员缺乏变革的相关信息或是预期有人抵制变革时,就可以使用沟通和教育的方式来解决抵制问题,特别

是当变革涉及新技术知识或者使用者不熟悉变革者的想法时,教育就显得尤其重要。沟通和教育,可以使更多的人正确了解变革的动因和目的及其可能产生的绩效和好处,使人们对变革的意图有正确的了解。

②参与。当变革的问题重要、重复、涉及面广,单独依靠变革推动者没有把握和能力制定出变革方案时,一定要吸收相关部门和人员参与变革计划的设计,以便集思广益,使变革切实可行、有效。同时,参与变革方案的设计,可以使参与者对变革方案有更好的理解,有利于变革的实施。

③谈判。谈判是实现合作的更正式的战术。谈判通过签署正式协定来获得对方对预期变革的接受。当变革的方案可能影响到某些部门和群体的利益时,应事先找有关方面进行磋商与协调,尽可能使变革方案兼顾各方面的利益。不要追求理想的改革方案,现实的变革方案应该是多数人可以接受的方案。

④强迫。强迫意味着执行变革的经理运用正式权力迫使员工接受变革。抵制者被告知要么接受变革,要么损失报酬甚至失去工作。大多数情况下不应该使用这一战术,因为这会使员工感觉自己是受害者,从而迁怒了执行变革的经理,甚至会蓄意破坏变革。但在需要快速反应的紧急关头,强迫可能是必要的。

⑤高层经理的支持。高层经理的明确支持也有助于减少对变革的抵制。高层经理的支持会向所有员工表明,变革对公司来说是重要的。当变革涉及多个部门或者需要把资源在部门之间进行重新分配时,高层经理的支持显得尤为重要。

【案例分析】

(1)进行组织变革时遭遇的阻力。

①来自个体的变革阻力:个体因为担心自身利益受损而抗拒和阻挠变

革,正如谭旭光改革干部聘用制度,减少部门和人员数量时,就受到了强烈的抵制:一方面是由于被裁人员、干部等的利益受到极大的缩减;另一方面是其余人员对新政策重压的不满。在新政策的推行下,过去的既得利益者——高管们需要付出更多的努力、承受更大的风险来竞争和保持岗位,同时必须学习新的技术和工作方法来提高效率,这也是一种利益损失。谭旭光削减了销售部高昂的接待费和差旅费,就迫使销售部改变过去的销售方式,不能再无差别地向所有潜在客户提供礼品,不能以折扣换销量,而是要求销售人员提供更好的服务、更专业的知识,以品质赢得顾客。

此外,谭旭光力排众议,废除不收职工水电暖费制度,切实地削减了全体职工切身的经济利益;全体员工怀疑社会化后的职工医院、幼儿园提供的资源、服务会减少,感到不安、焦虑,因此出于本能地反对这些新政策。

②来自组织的变革阻力:潍柴厂自1946年成立,于1985年达到第一个辉煌时期,至1998年止,在50多年的发展过程中已经形成了非常稳定的企业文化及运作模式,也正因在1998年的大刀阔斧改革中,没有特意寻求开放的策略,组织的运行愈加缓慢、僵化。

一方面在于潍柴厂的变革意愿不够强烈。在公司资金周转严重不足的情况下,工人们的变革意识仍然未被激活,认为国家始终会为国企兜底,而各部门更是各自为营,互相推脱责任,沉溺于过去企业的荣光中,而没有意识到组织需要变革、制度存在问题。

另一方面在于潍柴厂过去的人员升迁更多受到资历、人际关系的影响,因此在领导班子中缺少具有变革能力的人才,同时组织也缺少变革能力。

(2)怎样克服组织变革过程中遭遇的阻力。

①沟通和教育。潍柴厂的改革是体制的改革,因此与全体员工都息息相关。在谭旭光上任之前,潍柴厂的组织变革更多是高层人员内部决定的,然后再分级制定计划。但是下层员工对新计划制定的原因、过程、结果,都没有清晰的认知,从而导致动力不足。而谭旭光却将公司现状、整体

计划、原因、计划实施过程、可能产生的绩效和好处都通过职工代表大会、干部大会向全体人员交代清楚,让不熟悉高层想法的人对变革的意图有正确的了解,从而减少对未来不确定性的恐慌和质疑。

②参与。潍柴厂的改革并不是由谭旭光一个人拍脑袋决定方向的,而是组建了一个以变革为主的领导班子,包括了各个部门的干部及厂中的管理层,大家集思广益确定可行有效的方案,同时因为方案是由各个部门相关人员共同制定的,那么各个部门人员对方案的接受度会大大提高。

③强迫。变革的推行必然不完全是和颜悦色的规劝,有时强硬的态度是落实政策的最快方式。谭旭光要求能力普通的大龄员工退休,却遭到了林副厂长的强烈反对。谭旭光下狠心将林副厂长撤职后,众人对变革的态度不再漫不经心和全然反对。同时在实施水电暖费改革、社会化职工医院和幼儿园的过程中,面对所有人的反对,谭旭光力排众议落实政策,面对要么损失报酬甚至失去工作,要么接受变革的选择,大多数人都会选择接受。

2.潍柴厂是怎样进行组织变革的?

【理论依据】

组织变革的主要内容

(1)战略变革。企业战略的核心是战略定位,即企业服务于哪些客户、为其提供什么样的客户价值及以什么样的方式来提供。战略变革往往意味着战略定位的改变,这涉及目标客户、客户价值主张及商业模式的变革。

如何实施新的战略定位是战略变革的重要内容。为帮助企业获得竞争优势而进行的战略定位,实际上就是在价值链配置系统中从产品范围、市场范围和企业价值系统范围三方面进行定位的选择过程。

(2)组织结构变革。战略与组织结构之间的关系是结构跟随战略。战略是一种思路,它的实现依赖于组织各个部门和员工的行动,而组织结构则决定了组织运作的方式。当组织传统的方式不能为新的战略提供支撑时,就需要进行组织结构变革。组织结构变革包括采用新的组织结构形式、调整各个部门的责权利等。

(3)文化变革。组织文化是除了正式制度之外另一个对员工行为产生影响的因素。与正式制度不同的是,它在很多时候是通过观念、态度和其他人的评价来影响人们的行为的。在很大程度上,文化变革就是对组织成员集体所拥有的价值观进行变革。价值观是很稳定的,文化变革也必然是比较艰难和缓慢的。文化变革需要依靠正式制度的调整作为催化剂,并通过领导班子的身先士卒、身体力行而实现。即使在最有利的条件下,文化变革也不会在短期见效,常常需要经历数年的时间。

(4)业务流程再造。业务流程再造以业务流程为改造对象和中心,为满足客户的需求和提高满意度为目标,来对现行的业务流程进行根本的再思考和彻底的再设计,并且利用先进的信息技术,将新的流程固化、IT 化,从而实现企业经营在成本、质量服务和速度等方面的巨大改善。企业可以通过流程再造等方式来改变其进化规律。

(5)人力资源变革。人力资源变革主要通过调整人力资源制度、优化人力资源的结构和人岗的匹配程度来实现。它经常是组织变革的难点,因为涉及人们的切身利益,但也是组织变革要产生效果的重要切入点。人力资源变革想要成功的一个诀窍是,变革者将人力资源制度的调整方向(如考核制度、薪酬制度)与新战略匹配起来。这是战略能否实现的关键。

【案例分析】

(1)组织结构变革。潍柴厂改革战略的第一步是心无旁骛攻主业,通过剥离与主业无关、无法盈利的业务,将更多的精力、资金集中在主业上。

组织结构变革是为了更好地实施变革战略,谭旭光将原本 24 个管理部室砍到只剩下核心的 9 部 1 室 1 中心,重新分配各部门的责权利,实现降本增效。

(2)文化变革。组织文化是影响变革成功与否的重要因素之一,与战略相匹配的文化能够激励员工们对变革的热情。过去的潍柴文化过于僵化,员工只求无功无过,按资排辈求享受,对企业的未来思考较少,这样的话,企业在快速发展的社会中会慢慢落后甚至被淘汰。而谭旭光在任职大会上与众人定下"约法三章":坚持原则,敢抓敢管,不做老好人,不当太平官;扑下身子,真抓实干,为企业干实事,为职工办好事;以身作则,清正廉洁,要求职工做到的,我们首先做到,不允许职工做的,我们坚决不做。

潍柴厂的各领导干部们以身作则,贯彻"约法三章",同时秉承"不争第一,就是在混"的进取精神,遵从"能力强者进,能力平者退"的升迁制度。在领导班子们的耳濡目染下,在公平竞争的环境下,员工们改变了过去的懒散态度,变得更加积极进取、敢说敢做、大胆创新。

(3)人力资源变革。人力资源变革是战略能够实现的关键。谭旭光通过改革人力资源制度,将干部终身制改为干部聘用制,改变过去"你好我好大家好"的不思进取的工作氛围,激发员工的竞争意识,让大批混日子的员工提前内退。

3.你认为潍柴厂改革体现了怎样的精神? 其精神内涵是什么?

【理论依据】

"北大荒精神"内涵

不畏困难、拼搏实干的艰苦奋斗精神;

解放思想、敢闯敢试的勇于开拓精神;

胸怀全局、强国富民的顾全大局精神；

不图名利、忘我工作的无私奉献精神。

【案例分析】

（1）不畏困难、拼搏实干的艰苦奋斗精神。在谭旭光实施企业变革的过程中，极少休假和休息，即使经常出国工作也没有去过一个旅游景点，一年"狂飞"40万千米，与家人吃饭不足10次，看望父母只有2次……甚至有一次他在回工厂的途中发生了交通事故，断了4根肋骨。即便如此，为了不影响军心，在按理说还不能动的时候就让人扶着开了全厂大会，并走访企业；且原本应该休息半年的他，只休养了4个月就回归工作岗位继续奋斗。在这样不要命式的奋斗中，谭旭光受到了无数人的信赖，成了潍柴人的主心骨、合作伙伴的定心丸。

（2）解放思想、敢闯敢试的勇于开拓精神。谭旭光最响亮的外号叫作"谭大胆"，这是由于他不畏艰难、敢闯敢试，面对众人的怀疑，力排众议推行变革；为迎合市场化经济，他率先引入外资，打破国有股份独大的情况；在实现盈亏平衡后，他没有止步，而是继续前进，布局产业链，争做行业的领头人。

（3）不图名利、忘我工作的无私奉献精神。谭旭光在内忧外患下担起潍柴厂变革的重任，作为在那个年代已经积累大量知识、经验的干部来说，想要找到一家更好的工作单位并不是难事，尤其是他的亲人没有一个人赞同他出任厂长。那是一项只许成功不许失败的任务，假如失败了，全家人都会成为潍柴厂的罪人，但是谭旭光还是毅然扛起潍柴厂复兴的重担，并作为潍柴人为此奉献了一生。

同时在他提出废除免费水电暖费制度后，他的父亲第一个带头反对，说他这是得罪了所有人，大家一人一口唾沫都能淹死他，这也表明了谭旭光在提出这些变革中得罪了许多人。或许在成功后，员工们会意识到他决策的正确性,但是在当时,相较于做一个"好好先生",谭旭光无异于牺牲了自己的"好名声",在一片骂声中逆流而上,推动变革的前进。这种不图名利、忘我工作的无私奉献精神值得我们学习。

（五）背景信息

1993年,党的十四大第一次提出建立社会主义市场经济体制,为国有企业改革指明了方向,也就是国有企业必须要转变为市场经济的微观主体,并且实现与市场经济的融合发展,这就要求国有企业必须进行整体性改革,就需要对国有企业经营机制进行大的转变,以更好地融入社会主义市场经济发展中。所以,党的十四大就提出来,要建立"产权清晰、权责明确、政企分开、管理科学"的现代企业制度,这就为国有企业在微观领域的改革指明了具体方向。同时,也从宏观层面提出了国有经济的改革思路。

1995年,党的十四届五中全会通过的《中共中央关于制定国民经济和社会发展"九五"计划和2010年远景目标的建议》提出:"要着眼于搞好整个国有经济,通过存量资产的流动和重组,对国有企业实施战略性改组。这种改组要以市场和产业政策为导向,搞好大的,放活小的,把优化国有资产结构、企业组织结构同优化投资结构有机地结合起来,择优扶强、优胜劣汰,形成兼并破产、减员增效机制,防止国有资产流失。"从此触发了国有企业兼并重组的启动按钮,至今也未停止,让国有企业一直处于一种"合久必分,分久必合"的滚滚浪潮之中。

（六）关键要点

通过学习潍柴厂改革的过程,培养学生实施组织变革、分析问题及解决问题的能力,引导学生思考组织变革的阻力是由哪些因素造成的,掌握组织变革的主要内容与工具,形成对成功实施变革的整体把握能力。

（七）课堂计划建议

本案例适用于专门的案例讨论课。如下是按照时间进度提供的课堂计划建议,仅供参考。

建议整个案例课的课堂时间控制在 80—90 分钟。

课前计划:提出启发思考题,请学生在课前完成阅读和初步思考。

课中计划:

课堂前言(10 分钟)。教师简要介绍案例,带领学生回顾案例内容,展示案例启发思考题。如果可能的话,邀请几位学生分享一下他们认为可能会发生的情况。

分组讨论(15 分钟)。教师可以根据课堂实际情况,将学生分成几个小组,让每个学生在组内简要交流课前就已经形成的对案例启发思考题的看法。教师此时应当作为旁观者,仔细观察每个小组的讨论。

进行互动(40 分钟)。教师可按照故事线、问题线、知识线 3 个层次分别对各个小组成员进行提问,邀请小组代表回答问题,并依据讨论结果对案例进行进一步的总结和指导。下面给出每个问题建议的讨论时间:第一题 15 分钟;第二题 12 分钟;第三题 13 分钟。

案例总结(15 分钟)。教师借助 PPT 和板书相结合的方式,对本堂课程内容进行总结,评价小组讨论情况,并结合案例相关内容进行关联性说明,从而对本案例所讨论的知识点进行归纳总结。

黑板计划如下:

组织变革的主要内容

战略变革、组织结构变革、文化变革、业务流程再造及人力资源变革。

> **组织变革的阻力**
>
> 来自个体和组织两个方面的阻力。
>
> **北大荒精神内涵**
>
> 不畏困难、拼搏实干的艰苦奋斗精神；
>
> 解放思想、敢闯敢试的勇于开拓精神；
>
> 胸怀全局、强国富民的顾全大局精神；
>
> 不图名利、忘我工作的无私奉献精神。

课后计划：在课后，教师可以根据实际情况，请学生寻找企业变革的例子，对比两家企业之间遇到的变革阻力、工具、内容的异同，鼓励学生探究这些异同产生的根本原因。当然教师也可以利用微信群、钉钉群鼓励学生随时提出在写分析报告时产生的问题，并及时帮助解决。

（八）相关附件

1."北大荒精神"

内容："艰苦奋斗、勇于开拓、顾全大局、无私奉献。"

提出背景：20 世纪 50 年代初，我国 10 万转业官兵在东北三江平原的亘古荒原上发起了"向地球开战，向荒原要粮"的伟大壮举。半个世纪以来，几代拓荒人承受了难以想象的艰难困苦，战天斗地，百折不挠，用火热的激情、青春和汗水把人生道路上的句号画在了祖国边陲那曾经荒芜凄凉的土地上。他们以"艰苦奋斗、勇于开拓、顾全大局、无私奉献"为内容的"北大荒精神"，献了青春献终身，献了终身献子孙。垦荒英雄们跋山涉水、勇往直前，他们已把生命融入了这片荒原，用青春和智慧征服了这片桀骜不驯的黑土地，实现了黑土地从北大荒到北大仓的历史性巨变。

2.潍柴厂改革

潍柴厂是一家比中华人民共和国还年长的"老国企"。作为中国内燃机行业的骨干企业,数十年来,潍柴厂致力于内燃机技术的发展,不断融汇世界先进科技追求卓越品质。潍柴厂先后引进了奥地利斯太尔公司的WD615、WD618柴油机,一直到德国曼(MAN)公司的技术支援并与德国道依茨公司合资生产226B柴油机,使柴油机生产技术日臻完善,且柴油机尾气排放达到欧洲标准。潍柴厂产品广泛应用于重型汽车、大客车、各类工程机械、农用机械及发电、排灌和船舶动力。潍柴厂还在中国内燃机行业率先通过了ISO 9001质量体系认证,以其高技术、高质量和一流服务饮誉国内外。潍柴厂也成为中国500家最大工业企业、100家最大外贸出口企业之一。

曾在计划经济体制下创造过辉煌历史的潍柴厂,在市场经济来临时,没能跟上时代的步伐。1996年下半年到1998年初,潍柴厂欠息、欠税,危机四伏,甚至一度连经营人员的出差费都凑不出来。干了几十年的老潍柴人,也开始尝到连续6个月发不下工资来的滋味,工程技术人员半年内流失70多人。1998年6月,年仅37岁的谭旭光,临危受命担任潍柴厂厂长,在潍柴厂这艘岌岌可危的大船上,他发出了改革突围的呐喊:"不改革,潍柴只有死路一条!只有改革才有出路。"一场改革巨变实现了一个传统国有企业的华丽逆袭。时至今日,当年"谭大胆"的重磅改革让人记忆犹新。

(九)参考文献

[1] 张志龙,陈国峰.国企改革先锋者谭旭光:从跟跑到领跑的跨越[N].经济参考报,2021-08-09(006).

[2] 陈颂东.在观念碰撞中奋起:潍坊柴油机厂脱困崛起纪实[J].山东税

务纵横,2000(4):48-50.

[3] 张新.潍柴腾飞"四部曲":潍柴集团改革转型发展侧记[J].山东国资,2017(10):32-36.

[4] 杨传山.潍柴:置死地而后生[J].科技智囊,1999(12):21-24.

[5] 杨书云.谭旭光,纵马"动力疆场"[J].支部生活(山东),2019(6):34-36.

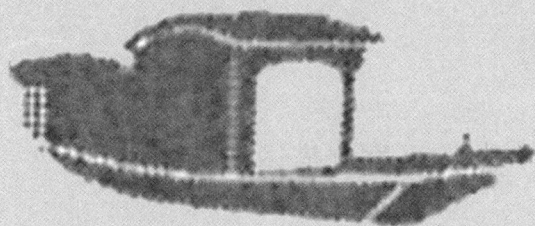

战略篇

危机管理,防微杜渐

——人民英雄张定宇:脚步虽缓却仍能跑赢时间

一、案例描述

(一)引　言

2020年9月8日的人民大会堂人头攒动,热闹非凡。在这里,全国抗击新冠肺炎疫情表彰大会如期举行。"是日也,天朗气清,惠风和畅。"长街宽阔,车轮滚滚。张定宇迈着蹒跚的步伐,向着人民大会堂的中央走去,向着习近平主席走去,身后的背景音响起,"张定宇,人民英雄,扎根医疗一线的杰出干部。作为渐冻症患者,疫情期间仍义无反顾冲锋在前救死扶伤,为打赢湖北保卫战、武汉保卫战做出重大贡献。"[1]台下顿时掌声雷动。回望岁末年初,大疫初降,疫魔肆虐着那片荆楚大地,瞬时间大家的思绪就飘向了大半年前……

(二)安而不忘危,未雨绸缪①

2019年12月,原本呼吸道传染病频发的冬季此时显得有些沉寂,就像平静的湖面下隐藏着巨大的惊涛骇浪一样,经验丰富的张定宇察觉到了一丝不妥。27日,张定宇约上金银潭医院的副院长黄朝林,想与他仔细谈谈这件事。

迎着夕阳,两杯热茶正在噌噌往外冒着热气。正当两人谈及这个话题

---

①　这部分内容选自《新民晚报》。

时,一阵突然的铃声打破了此时的平静。是同济医院打来的电话,对方的
语速就像铃声一般急促,他简明扼要地介绍了同济医院发生的情况,原来
那边接收了一名肺炎患者,肺部呈现磨玻璃状,病因不明。此外,病例样
本的基因检测结果显示冠状病毒 RNA 的存在。考虑到这种情况,对方
询问能否将该病例转诊过来。听到这个情况,张定宇发现了一丝端倪,
想着自己这段时间一直担心的事情好像有了些发生的迹象。但是身为
院长,他没有在大家面前表现出慌乱,而是在详细了解了情况后,同意对
方将病例转入。

　　29 日下午,陆续有 7 名病状相似的发烧患者来到湖北省中西医结合
医院就诊,具体症状与此前同济医院收治的那名病患表现得并无二致。
之后,金银潭医院就收到了湖北省疾控中心的来电,对方表示这 7 名病
患也要转入金银潭医院进行定点治疗。张定宇意识到一场未知的考验
已悄然而至。

（三）凡事预则立,宁早勿晚

　　张定宇见识过"非典"的肆虐,领略过禽流感的无情。电话答应接收 7
名疑似病例的那刻起,他渐冻的双腿开始微微颤抖,但他按住自己微颤的
腿,用敏锐的医者视角安排工作。他对副院长、感染科主任和护士长部署
了接下来的工作。由黄朝林副院长负责整支队伍,带队奔赴"战场"。他
说:"不能全指望疾控中心,疾控中心没有结果,我们先出措施,让所有人做
好防护工作,口罩必须戴,配合疾控中心尽快调查传染源,遏制传染病,就
是和时间赛跑,宁早勿晚。"就这样,他们小心翼翼地把患者分批次转移到
金银潭医院的重症病房中,不知不觉就到了深夜。

　　"无论是轻症还是重症,只要是肺炎,就要收治进隔离病房。""ICU 住
不下,征用传染病区,传染病区住不下,征用普通病房,预约门诊全部取消,
全额退款,门诊急诊全部停止挂号。""病房不够,接着改造;设备不够,接着

去买；人员不够，请求支援。""冰山露在水面上的那一部分只是整个的八分之一，不知道明天我们会面对什么，但知道今天我们该如何准备。"一句句坚定的话语，是他身为医生面对病情时的经验判断，是他对于疫情不明确时的果断抉择，是他作为一名共产党员的责任与担当。

（四）舍生而忘死，生命至上

2020 年 1 月 3 日，由于感染新冠肺炎的人数逐渐变多，金银潭医院划分出 2 个新的病区，全部用来收治从其他各个医院转入的新冠肺炎患者。同时，紧急向医疗设备厂商订购呼吸机、体外除颤仪、监护仪及心肺复苏仪、输液泵等医疗设备，其中呼吸机和输液泵格外紧缺。

1 月 5 日，患者已达 100 余位。在此期间，张定宇紧急招聘多家外部工程队，聚合院内所有人力物力，日夜苦战，用最快速度将全院 21 个病区全部改造完毕，消毒完毕，布置完毕。身患渐冻症的张定宇从战役打响的第一刻开始，就始终坚守在最前线，每天休息不足 3 个小时。在妻子和最好的工作伙伴相继感染上新冠肺炎后，他来不及悲伤，他要把所有的措施布防到位，把所有的预案准备到位。守土有责，在救援到来之前，他身先士卒，并要求所有党员必须在岗，并优先部署在隔离病区，不惜一切代价抢救生命，把人民群众的生命放在第一位。

面对新冠肺炎的肆虐，就连"久经沙场"的张定宇都直言，这场突如其来的疫情是他这辈子遇过的最大挑战。在疫情形势还不太清晰的最初那段时间，张定宇几乎每天都在 6 点钟起床，在医院前线连轴转十几个小时后才会拖着疲惫的身体去休息。甚至有好几个夜晚，没睡到 2 个小时就又被手机铃声吵醒，奔赴前方。医院的各个区域经常会听到有人在喊"搞快点！搞快点！"，这是张定宇在那个阶段最常挂在嘴边的话。但是很多时候都是只闻其声不见其人，这是因为他的渐冻症致使其脚步越来越沉重。为了让同事们把全部注意力都放在病患身上，他从没有主动跟别人谈论过自己的病情,而是以膝关节有问题、老毛病来回应他们的质疑。但是时间一长,毕竟大家都是学医出身,眼见瞒不过去了,他才终于承认:"我得了渐冻症。"长时间的坚守让张定宇本不健壮的身体逐渐垮下来。张定宇的妻子程琳说,有次气温突然下降,有段短短200米的路程,张定宇整整走了15分钟。

张定宇在车后备厢里放了一根登山杖,扛不住时他会拿出来支撑自己行走。为了跑赢时间,他的身体每况愈下。面对日渐麻木的双腿,他没有表现出丝毫的害怕,反而十分淡然地说,他现在需要做的就是让生命在接下来的日子中变得更有意义。在驰援武汉的医疗队伍到来之前,缺少医护,张定宇就领着全院干部职工没日没夜地坚持在最前线,大家主动增加排班频次;缺少保洁员,后勤的顶上去;缺少保安,行政的撑起来。无论是作为共产党员、作为院长又或是作为医生,这3种身份都给予了张定宇沉甸甸的责任感。"无论哪个身份,在这非常时期、危急时刻,都没理由退半步,必须坚决顶上去!"他说。

(五)曙光破初晓,同心协力

大年三十,陆军军医大学医疗队与上海医疗队陆续进驻武汉金银潭医院。救援的到来就好像一针强心剂,让他瞬时精神抖擞。放下电话,急速部署,分头行动,再次冲锋。张定宇克服自身身体的不便,加快脚步,一路快步,冲进病房,对已经坚守前线数月的同事们说:"国家帮我们了,我们有救了,武汉有救了!"

金银潭医院作为此次战役的主战场,以医护人员极低的感染率及百分之百的治愈率出色地完成了此次战斗。据统计,在张定宇院长的带领下,金银潭医院一共开辟了21个病区,收治了2000多名新冠肺炎病人,且大部分都是危重症患者。从疫情暴发的初期到武汉新冠肺炎疫情防卫战的后期,无论是一直坚守一线的本院医护人员还是大年三十奔赴武汉进行援助的其他医护人员,他们是勇敢无畏的,是有医者情怀的,是新时代真正的战士。

2020这一年必将刻进历史的画卷中,被永远铭记。磨难虽然可怕,但是中国人民永远拥有铁一般的意志,我们渴求希望,追求美好。14亿中国人始终拥有着大爱,一方有难,举国援赴。张定宇说:"在这场艰苦卓绝的战斗中,我深深地感受到了肩上沉甸甸的责任,感受到中国共产党无比坚强的领导力,真切地看到一个执政党坚守初心的炽热情怀,看到了一个国家'人民至上'的价值坚守。我愿意把自己有限的生命,投身到为中国人民谋幸福,为中华民族谋复兴的伟大事业中去。"[2]

二、案例拓展

(一)教学目的与用途

本案例适用于本科"管理学"课程中"领导力""团队管理理论""决策理论"相关内容的课程,也适用于"危机管理"课程的教学及MBA管理课程。

本案例介绍了张定宇医生在武汉暴发疫情期间组织员工抗击疫情的相关细节,旨在让红色精神走进管理课堂,让学生了解到"抗疫精神"的具体内涵,使学生深刻地体会到危机管理的重要性,体会到领导力在生活中的具体体现,能够对团队管理有一定的见地,理解到决策的重要性,并且学以致用,即达到学生运用相关理论知识并结合企业实践进行问题分析,把握危机管理相关内容,将"抗疫精神"背后的启示运用在企业管理中,帮助管理者更好地管理企业的效果。

(二)启发思考题

1.你认为疫情出现前,有危机意识重要吗?当疑似病例出现时,你认为对传染源的调查有意义吗?危机调查的特征又有哪些?

2.面对疑似病例的突然出现,张定宇采取了怎样的危机预控策略?

3.疫情全面暴发之时,面对医疗物资缺乏、医护人员短缺的状况,张定宇做了哪些事情?

4.作为一名渐冻症患者,战"疫"进入胶着期时,张定宇是如何与时间赛跑的?

5.该案例体现了哪些"抗疫精神"? 这些"抗疫精神"对企业的管理有哪些启示?

(三)分析思路

案例围绕张定宇院长在武汉抗击疫情保卫战中所做的危机管理展开描述。案例描述中除引言外共设置了 4 个小标题,安而不忘危对应的是危机意识,凡事预则立体现了危机预控的重要性,舍生而忘死与危机调查和处理相呼应,曙光破初晓则反映了团队及危机管理的必要性。最主要的是案例正文的描述几乎涵盖了"抗疫精神"的全部内涵,将管理学中的相关知识与案例和红色精神结合起来进行学习,更能引发学生的思考。

任课教师可以结合课堂情况,根据自己的教学目标来灵活运用本案例。本案例的分析思路如图 1 所示,仅供参考。

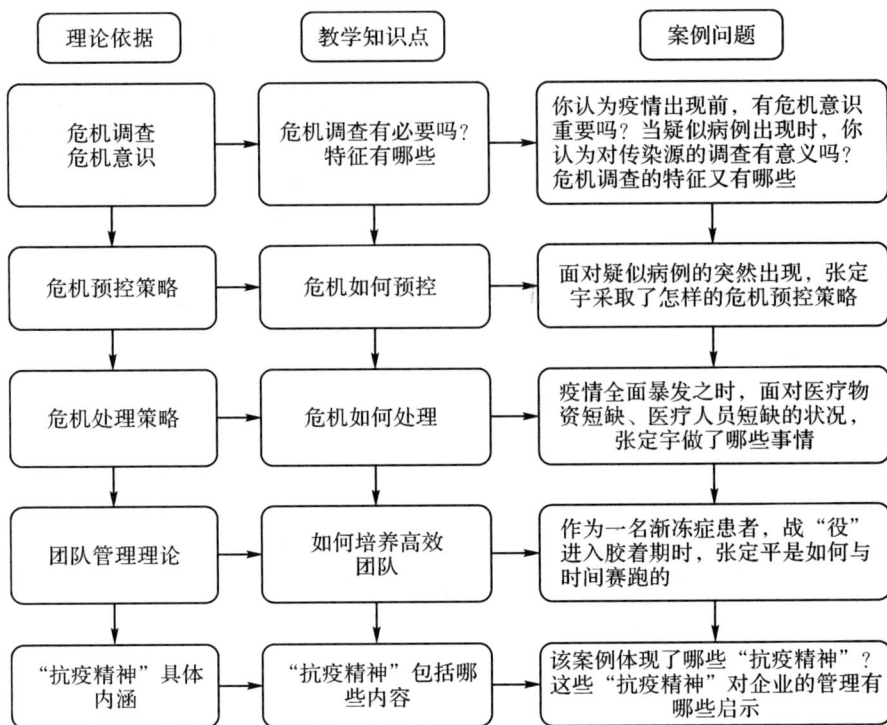

图1 案例分析思路图

（四）理论依据及分析

1. 你认为疫情出现前，有危机意识重要吗？当疑似病例出现时，你认为对传染源的调查有意义吗？危机调查的特征又有哪些？

【理论依据】

（1）危机意识。企业危机意识是指企业对紧急或困难时刻的感知及应变能力[3]。企业的危机可由多方面因素造成，无论是企业外部的还是内部的。外部环境是客观条件，具有不可控性，而企业内部环境则更加容易控制。无论从哪个角度出发研究，都可以发现企业危机是普遍存在的，这就要求企业具备危机意识，具体来说，就是要求企业能够敏锐识别市场中存在的风险,并时刻关注,积极寻找市场机会而不是被动地等待市场给予机会。

(2)危机调查。危机调查就是对发生的事件做出原因探究并对导致的结果范围进行梳理。调查的过程要求及时性、完整性及客观性,企业在后续的危机处理过程中可将调查过程作为自身的依据[4]。对于整个危机处理进程来说,危机调查应该处于首发位置,没有调查就没有发言权;只有当事实真相被弄清后,企业才能权衡利弊,尽最大可能做出相对理性的决策。正是出于此,企业管理者应该给予危机调查极大的关注度,如果危机调查的过程出现了问题,那么企业后续的处理也会受到很大的影响。

(3)危机调查特征[5]。

①及时性。危机事件发生之后,企业管理者应该立马组建专业的团队对危机产生的原因、过程及结果进行调查。在社会舆论发酵之前拿出处理对策,显示出企业的责任担当,让公众放心,让利益相关者舒心。

②客观性。调查结果一定要具有客观性,只有客观、真实地了解到危机事实,企业才能够准确地评估危机。若将虚假信息掺入调查结果,则可能致使企业做出错误的判断,发布不当的声明,或采取不合理的处理方法,反令危机负面影响扩大。

③完整性。危机处理人员必须高度重视隐蔽性更强的间接因素,为查明引起危机的深层次诱因,危机调查必须全面、完整,不疏漏细节问题,还应针对重要细节问题展开深入调查。

④专业性。一些危机的调查对技术水平要求较高,所以调查小组里专业的人才必不可少。有些时候还需要聘请相应的专家对危机的根源进行深入剖析。危机调查的专业性不仅体现在专业人才及技术的配备上,还体现在前文所提及的及时性、客观性及完整性上。

【案例分析】

对于本案例而言,正是凭借张定宇医生的危机意识,才能在疑似病例被发现后得到高度重视,在最开始把意外感染的可能性降至最低。而且疑似病例出现时,对传染源的调查也是非常有意义的。因为已知的基因序列并不能很好地对这种病情做出解释。当新冠肺炎疑似病例出现时,医生对这种传染病可以说是处于一无所知的状态,是否会出现人传人现象、传染性如何、致死率如何等一系列问题都摆在医生的面前。对于传染源的调查可以帮助医生对这类传染病有着更加精准的掌控,了解病毒的致病机理才能够对症下药。正所谓知己知彼,才能百战不殆。

疑似病例出现时,张定宇医生对该病传染源展开的调查体现了以下危机调查的特征。

(1)及时性。张定宇对金银潭医院全体医护人员说,不能全指望疾控中心,须先出措施,让所有人做好防护工作,口罩必须戴,配合疾控中心尽快调查传染源,遏制传染病,就是和时间赛跑,宁早勿晚。

(2)完整性。不仅对病例的样本进行检测,还针对现有病例的行程经历,找出来一个共同接触地——华南海鲜市场。于是立即上报,封闭该市场,减少了病毒的进一步传播。

(3)专业性。对该病毒做出了深入剖析,发现该病毒并不是以往认识的 SARS 病毒,甚至比它还要凶猛,并得出该病毒可经由动物传人的结论,为后期的部署安排及病区隔离规划奠定了基础。

2.面对疑似病例的突然出现,张定宇采取了怎样的危机预控策略？

【理论依据】

(1)危机预控[6]。危机预控是指提前采取预防手段,将可能引起危机的各种诱因隔绝在外,若是因不可抗力产生的危机,那么根据危机预控的要求做好准备。明晰危机产生的诱因,做好一切防控措施,来降低危机爆发的可能性,并把危机爆发的伤害性降至可控范围内。这样不仅可以让企业员工都建立起较强的危机防范意识,还能以此为基础构建一套完善的制度,来防范危机的发生。

实际上,在企业的日常管理工作中,诱发危机产生的因素几乎无处不在。有些企业管理者缺乏危机意识,缺乏对危机诱因的敏感性,因此未能有效防范危机。要避免"温水煮青蛙"的现象出现,最高管理者首先必须有危机意识,如此,企业战略才不至于陷入迷失,不会出现企业发展大方向上的危机。诚然,危机管理并不仅仅是企业最高管理者需要学习的内容,也不仅仅是某些职能部门,如公关部门、生产安全部门的职责,它更是企业各个层级共同攀登的山峰。如果企业员工都能具备较强的危机意识,那么危机爆发的可能性就会大为降低。最高管理者要通过各种渠道,将危机意识融入公司的企业文化中,让全体员工都具备危机意识,居危思安,防微杜渐。

(2)危机预控的基本策略。

①排除策略。对于可控的危机诱因,企业可以通过恰当的管理方法,将这些因素转化成有利于企业发展的因素,继而降低危机发生的可能性。排除策略的主要措施:一是远离危害程度较大的风险;二是实施零缺陷管理;三是设计良好的防范机制;四是在主要公众中建立强有力的信誉基础;五是迅速解决小问题或小错误。

②防备策略。对于不可控的危机诱因,为减少危机发生后造成的损失,企业需要做好防御以备不时之需,尤其对于企业外部不可控因素导致的危机来说,防备策略十分有效。企业针对危机准备得越充分,受到危机的冲击就越小。

③缓解策略。缓解策略是指如果事先未能将诱导危机发生的因素识别出来并排除在外的话,就要以各种方法尽量将这些诱因局限在一定范围和限度以内,以减少危机发生之后给企业带来的损失,令危机的长期负面影响降至最低水平。缓解策略的主要措施包括:一是拖延危机的爆发时间;二是削弱危机的强度;三是增强抵御危机的能力。

④剥离策略。在无法完全避免潜在危机爆发的情况下,企业必须对极具破坏性的潜在危机或容易受到潜在危机影响的自身某个部分进行剥离。剥离策略常见的措施:一是限制危机发生的范围;二是缩小受到危机影响的创伤面。

⑤转移策略。如果企业所面临的潜在危机无法通过上述方式解决,抑或解决方式有些得不偿失,那么企业可以采取转移策略。转移策略的实施途径有以下几种:一是外包;二是购买保险;三是套期保值;四是签订责任免除协议。

⑥升级策略。潜在危机往往是企业走向发展或衰落的转折点,升级策略就是企业通过潜在危险认识到目前的经营中所存在的问题,主动利用潜在危机这个机遇进行重大的改善或变革。

【案例分析】

通过案例中的描述可知,张定宇在疫情暴发最初阶段采取了以下几种危机防控策略。

(1)防备策略。张定宇早在疾控中心结果还没出来之时就通知所有医护人员做好防护,降低感染风险,并统筹规划,把全部病区规划改造完毕。这个"提前准备",让救援的同志能更好地展开工作,张定宇提前完成的这一系列改造工程。给武汉的疫情防控工作奠定了一个很好的基础。

(2)缓解策略。张定宇在疫情暴发之际,合理规划了现有病房的布局,划分出隔离病房,极大程度降低了新冠肺炎的传染性,降低了传染病例的发生率。从"无论是轻症还是重症,只要是肺炎,就要收治进隔离病房""ICU住不下,征用传染病区,传染病区住不下,征用普通病房,预约门诊全部取消,全额退款,门诊急诊全部停止挂号""病房不够,接着改造;设备不够,接着去买;人员不够,请求支援"等这些话语中就能体现出来。

3.疫情全面暴发之时,面对医疗物资缺乏、医护人员短缺的状况,张定宇做了哪些事情?

【理论依据】

危机处理是危机发生时,企业为了降低危机的伤害程度,对其进行的一系列管理过程,目的是有效地转化危机。危机的处理过程是危机管理的重要组成部分。一般来说,危机处理包括以下步骤。

(1)建立危机处理小组。危机处理具备专业性、及时性等特性,所以在危机发生后,立即抽调专业人员及企业相关负责人组成危机处理小组是非常重要的。小组中的每个人必须明晰自身的职责,划分权利及责任范围,高效及有效沟通。

(2)表明危机处理的诚恳态度。一般来说,如果危机处理小组能够以诚恳认真的态度对待此次危机,及时有效地向外界披露相关信息,那么就会极大提高外界对企业的信任程度,减少损失。

(3)着手危机调查与危机评估。行动胜于言语,企业在公开表达企业危机处理态度的同时,需要注意到危机调查工作的及时性,以了解危机的事实真相,以便第一时间向外界披露信息。调查的范围应涉及危机发生的起因、经过及结果。

(4)制定危机处理方案。企业应结合危机调查与危机评估的成果,制定具体的危机处理方案;同时根据危机的特殊情况,可对计划内容做出微调。

(5)实施危机处理方案。方案制定完之后应该尽快实施,在实践中得到一次又一次的检验。项目小组成员应当有效分工,根据方案要求,有效实施处理。

(6)评估与总结。进行危机处理后重要的一步是进行反馈,在此次危机处理过程中遇到的问题,危机处理时预设目标的完成程度及是否需要进行控制,这都是评估与总结环节中需要回答的问题。

(7)做好危机处理的善后工作。毋庸置疑的是,尽管企业在第一时间就进行危机调查,处理危机并公布结果,危机的发生还是多多少少地会对企业产生一些不良影响。因此,根据此次危机事件进行反思并逐步完善企业相关机制,这对企业未来的长远发展来说是大有裨益的。

【案例分析】

建立危机处理小组:在 7 名疑似病例转入金银潭医院治疗时,张定宇马上统筹规划,建立以黄朝林副院长为中心的小组,黄副院长带领整个团队前往会诊。张定宇对副院长、感染科主任和护士长部署了接下来的工作。

表明危机处理的诚恳态度:在部署工作时,张定宇院长明确表明不能全指望疾控中心,医院需要先出措施,让所有人做好防护工作,口罩必须戴,配合疾控中心尽快调查传染源。"遏制传染病,就是和时间赛跑,宁早勿晚""冰山露在水面上的那一部分只是整个的八分之一,不知道明天我们会面对什么,但知道今天我们该如何准备"等话语都表明了张定宇在危机处理时的诚恳态度。

着手危机调查与危机评估:张定宇院长一方面安排人员做好对现有病例的治疗工作,并对病房进行了相关改造,另一方面对传染源进行病理分析与来源地调查。

制定危机处理方案:张定宇院长制定的方案为:无论是轻症还是重症,只要是肺炎,就要收治进隔离病房。ICU 住不下,征用传染病区,传染病区住不下,征用普通病房,预约门诊全部取消,全额退款,门诊急诊全部停止挂号。病房不够,接着改造;设备不够,接着去买;人员不够,请求支援。

实施危机处理方案:1 月 3 日,由于感染新冠肺炎的人数逐渐变多,金银潭医院划分出两个新的病区,全部用来收治从其他医院转入的新冠肺炎患者。同时,紧急向医疗设备厂商订购呼吸机、体外除颤仪、监护仪及心肺复苏仪、输液泵等医疗设备,其中,呼吸机和输液泵格外紧缺。1 月 5 日,患者已达 100 余名。在此期间,张定宇紧急招聘多家外部工程队,聚合院内所有人力物力,日夜苦战,用最快速度将全院 21 个病区全部改造完毕、消毒完毕、布置完毕。

4. 作为一名渐冻症患者,战"疫"进入胶着期时,张定宇是如何与时间赛跑的?

【理论依据】

团队管理是指在一个组织中,依成员工作性质、能力组成各种小组,参与组织各项决定和解决问题等事务,以提高组织生产力和达成组织目标。团队管理乃是运用成员专长,鼓励成员参与及相互合作,致力于组织发展,因此可以说是合作式管理,亦是一种参与式管理。随着组织工作的复杂性日益增强,很多工作实难靠个人独立完成,必须依赖于团队合作才能发挥力量,所以团队管理有时代需求性。成功的组织会建立各种不同功能性的团队管理,因此,组织若能善用团队管理,对于激发成员潜能、协助问题解决、增强成员组织认同、提升组织效率与效能,具有一定的帮助。

【案例分析】

在整个疫情暴发期间,高效的团队管理发挥了不小的作用。在前期,张定宇院长在疾控中心的结果还没出来之前就组织医护人员隔离病房,调查传染源,佩戴防护装备,各方各司其职,形成了一个大的高效的团队,将院内感染的风险降至最低。在疫情全面暴发时,团队人员互相鼓励,互相扶持,在救援未到来之前做好本职工作,坚守一线,毫不退却。在医疗物资极度匮乏的情况下,各尽所能去调取防疫物品。在疫情暴发达到峰值时,张定宇领导的高效团队积极与救援部队交接和配合,尽心地救治病患。

张定宇不顾身体的疲累,凭借着医护人员的责任心、坚定无比的信念感、共产党员的担当及家人同事的支持争分夺秒地利用好每分每秒。在疫情形势还不太清晰的最初那段时间,张定宇几乎每天都会 6 点钟起床,在医院前线连轴转十几个小时后才会拖着自己疲惫的身体去休息。时间虽然有限,但是时间的价值是无限的。站起来,冲上去,坚持到最后。只有比时间跑得更快,才能跑赢时间。为了人民的生命,身患渐冻症的他要和时间赛跑。有人告诉他"你的终点不可能走得太远",那他就把这个时间用多一点,用足一点,把它用好。虽然步履蹒跚,但他从未停歇。从战役打响的那一刻开始,他始终坚守最前线,每天休息不足 3 个小时。病魔可以限制肢体的自由,却无法桎梏强大的医者信念。

张定宇院长在抗击疫情期间,体现出了自身高度的责任感和医者情怀,出色的专业能力,高度的团队凝聚力,强大的决策能力与组织能力等,这些都是打赢武汉守卫战、湖北守卫战的必需因素。

湖北这场新冠肺炎疫情战役的胜利是属于全体医护人员的胜利,是属于全体人民的胜利,是属于整个国家的胜利。其中,有很多因素都推动了这场战役的胜利。无论是医者仁心的大爱天下还是武汉人民的积极配合,无论是社会各界的热心救助还是国家领导的英明决策,战役胜利之火的燃烧离不开这些因素的共同作用。

5. 该案例体现了哪些"抗疫精神"? 这些"抗疫精神"对企业的管理有哪些启示?

【理论基础】

"抗疫精神":中国共产党领导全国人民进行抗疫斗争的过程中,铸就了"生命至上、举国同心、舍生忘死、尊重科学、命运与共"的伟大"抗疫精神"。其中,"生命至上"是"抗疫精神"内在的价值标尺和利益指归;"举国同心"是"抗疫精神"外显的民心意向和国家力量;"舍生忘死"是"抗疫精神"指向的人生选择和意志担当;"尊重科学"是"抗疫精神"追求的务实品格和创新勇气;"命运与共"是"抗疫精神"承载的世界情怀和道义担当。

【案例分析】

"无论是轻症还是重症,只要是肺炎,就要收治进隔离病房。""ICU 住不下,征用传染病区,传染病区住不下,征用普通病房,预约门诊全部取消,全额退款,门诊急诊全部停止挂号。""病房不够,接着改造;设备不够,接着去买;人员不够,请求支援。"张定宇用自己铿锵有力的话语生动诠释了他对"生命至上"的坚守。

张定宇不顾自己身患渐冻症的身体,不顾疲累,从疑似病例转进金银潭医院的初期开始就一直坚守在第一线,妻子和同伴的相继感染,更是让他的内心痛苦不堪。但他顾不上悲伤,顾不上自己。每天休息不足3个小时的他,脑袋里只有如何跑赢时间,如何挽救更多的病人,"舍生忘死"是对他行为的生动阐述。

就在除夕之夜,武汉最困难、最危急的时刻,习总书记派出了解放军医疗队,整建制定点支援金银潭医院。年三十部队的紧急调援,各方医院纷纷援鄂,中国共产党用那无比坚强的领导力,让人民群众真切地看到了一个执政党"坚守初心"的炽热情怀,看到了一个国家"人民至上"的价值坚守。

对于企业的启示可以从多方面来谈。教师可以引导学生从尊重科学的角度说明企业在管理时需要秉持着科学管理的理念,包括科学组织、科学决策等,形成良好的企业文化,加强企业上下的凝聚力;利用目标管理理论及激励理论来提高员工满意度,培养高效团队,促进企业管理效率的提升。还可以从"生命至上,以人为本"的角度来探讨团队的建设,说明在管理员工的过程中,要充分尊重员工,并基于他们的个人特点来采取不同的领导方式,实施激励,以尽可能提高员工的工作满意度与忠诚度,毕竟知识与高素质的人力资源是公司重要的资源。

(五)背景信息

2020年一场新型冠状肺炎疫情突然暴发,该病毒破坏之严重、传染之迅猛让人瞠目结舌,无可奈何。这场疫情的到来划破了武汉宁静的夜,很快便波及整个华夏大地。最初同济医院发现一例疑似病例,并要求转入金银潭医院,在疾控中心的检查结果还没出来之前,金银潭医院院长张定宇就统筹规划,对医护人员进行部署,对医疗物资进行分配,将医院的病区划分出隔离区域。他不顾自己患渐冻症的身体在一线坚守,为后续的援助留出了时间,最终打赢了这场战役。对于那些战斗在一线的医护人员来说,这次疫情就像一场无硝烟的战争,他们严阵以待只为随时而来的命令,他们全力以赴只为奄奄一息的生命,他们倾情奉献只为服务人民的信念。新时代的红色精神在他们身上体现得淋漓尽致。

(六)关键要点

围绕张定宇院长在疫情初期到抗疫成功过程中的表现展开讨论,通过案例分析理解危机调查、危机预控及危机处理的内涵及策略,在此基础上思考危机管理对当下企业的作用,企业应如何预防及正确对待危机,如何完善企业危机管理系统。重在提高学生的分析与综合能力、批判性思维能力和解决实际问题的能力。

(七)课堂计划建议

本案例可以用于专门的案例讨论课。以下是课堂计划及板书建议,仅供参考。

建议整个案例课的课堂时间控制在 80—90 分钟。

课前计划:提前 2 周发放案例及相关背景资料,要求学生了解相关资料,认真阅读,并搜集和整理与本案例相关的理论。可让学生搜集与抗疫相关的资料,并制作成 PPT 进行展示。让学生分成 4 个组进行讨论,每个小组分别思考一道题目,最后一个问题为开放题,鼓励同学畅所欲言。

课中计划:

案例引导(5—10 分钟)。教师可以找一段简短的关于抗疫方面的视频,让学生观看视频之后分享感受,将学生的注意力引入所要讨论的抗疫案例。

分组发言(40 分钟,每组 10 分钟)。将案例启发思考题的前 4 个问题分别分给 4 个小组,要求每个小组课前充分讨论,准备 PPT。在一个小组上台展示时,另外 3 个小组成员需要认真聆听并在汇报结束后提出问题及建议。

全班讨论(20 分钟)。全班同学针对前 4 个案例启发思考题发表看法,有疑问的部分由负责该题目的小组成员进行回答,并对最后一个题目进行头脑风暴,大家畅所欲言,言之有理者给予课堂加分。

教师归纳总结(10—20 分钟)。教师总结,一要点评各小组的 PPT,二要提出解决方案,以引起学生对危机管理的重视,并让学生学会危机预控和危机处理的基本策略。

黑板计划如下:

板书 1

危机意识:指对紧急或困难关头的感知及应变能力。

危机调查:对突发的事件做全面、深入的调查,调查的结果可以作为危机处理的重要依据。

危机调查的特征:及时性、客观性、完整性、专业性。

板书 2

危机预控:指提前对可能引起危机的各种诱因采取措施或对难以避免的危机做好准备……

危机预控策略:排除策略、防备策略、缓解策略、剥离策略、转移策略、升级策略。

板书 3

疫情全面暴发之时,张定宇做了哪些事情来处理这次危机

危机处理:指当企业处在危机爆发和持续阶段时,对危机进行有效管理……

张定宇在疫情暴发之际做了以下事情处理危机:

(1)建立危机处理小组;

(2)表明危机处理的诚恳态度;

(3)着手危机调查与危机评估;

(4)制定危机处理方案;

(5)实施危机处理方案。

板书4

湖北武汉最终打赢了这场新冠肺炎疫情战役,你认为有哪些因素起到了关键作用

高层管理者的危机意识、高效的团队管理、强大的医者责任感、共产党员的信念感、领导力等。

板书5

从该案例中体现出哪些"抗疫精神"? 这些"抗疫精神"对于企业的管理有哪些启示

生命至上:不顾一切抢救人民群众的生命,生命高于一切。

举国同心:大年三十各方医疗救援队纷纷援鄂,全国上下同心协力。

舍生忘死:张定宇不顾自己的病情,一直坚守在抗疫一线。

尊重科学:科学的病区规划及隔离措施,极大降低了病毒的传染率。

命运与共:湖北疫情暴发之际,全中国人民都纷纷向湖北伸出援手。

启示:要重视危机管理,完善企业危机处理机制及系统,注重在企业的发展中培养高效团队,增强员工对企业的认同感,让员工与企业一起同呼吸,共命运。

课后计划：让学生课后寻找危机管理做得较为成功的企业，进行分组PPT汇报，在课后2周进行。

（八）相关附件

"抗疫精神"

内容：以习近平同志为核心的党中央领导全国各族人民共同抗击新冠肺炎疫情形成的伟大"抗疫精神"具有丰富的科学内涵，主要体现在：守护生命、人民至上的为民精神，举国一致、众志成城的团结精神，舍生忘死、奋勇向前的牺牲精神，依靠科学、精准施策的求实精神，大爱无疆、共克时艰的互助精神，风雨同舟、命运与共的协作精神。

提出背景：伟大"抗疫精神"是在党领导人民打疫情防控的人民战争、总体战、阻击战的实践中产生的，是中国人民在以习近平同志为核心的党中央的领导下，妥善处理中华人民共和国成立以来发生在我国的传播速度最快、感染范围最广、防控难度最大的一次重大突发公共卫生事件中形成的，也是在全世界人民积极应对近百年来人类遭遇的影响范围最广的全球性大流行传染病中形成的。伟大"抗疫精神"既是对伟大的"抗洪精神""抗击非典精神""抗震救灾精神"等的丰富和延续，又根据应对危机的现实需要表现出不同于以往的特点，比如依靠科学分区分级精准施策、同舟共济加强全球抗疫合作等等。2021年9月，党中央批准了中央宣传部梳理的第一批纳入中国共产党人精神谱系的伟大精神，"抗疫精神"被纳入。

（九）参考文献

[1] 英雄的人民，人民的英雄：全国抗击新冠肺炎疫情表彰大会侧记[J].工会博览，2020(27)：6-8.

［2］岳林琳.试析我国转型期企业危机的应对［J］.全国商情（经济理论研究），2008（16）：26-27.

［3］何玲.从双汇"瘦肉精"事件看企业危机管理［J］.中国商贸，2011（26）：65-66，74.

［4］王茂涛.政府危机管理［M］.合肥：合肥工业大学出版社，2005.

［5］刘刚.危机管理［M］.北京：中国人民大学出版社，2013.

一丝不苟,分秒不差

——神舟五号飞天记

一、案例描述

(一)引 言

　　载人航天工程能取得如此辉煌的成就,离不开每一位航天人的艰苦奋斗,更离不开航天人的爱国精神。我认为载人航天精神是爱国精神在航空航天领域的具体体现,胡总书记说的"四个特别"正是航天人最真实的写照。

——2018-12-13《中国访谈》之《杨利伟谈载人航天发展》

　　2018年12月13日,作为中国航天第一人,宇航员杨利伟接受了《中国访谈》栏目的专访,诠释了"载人航天精神"的内涵及背后的故事。在被问到神舟五号成功返回地面,重新踏上中国大地有何感受时,他一脸骄傲地说:"中国是第三个掌握载人航天技术的国家,我为祖国感到由衷的自豪。"随后,杨利伟也向记者吐露:"其实整个飞行过程中曾出现许多始料未及的事,火箭升空时产生的低频共振差点让我晕死过去,返回时看着舷窗玻璃上出现的裂痕也着实被吓得不轻,幸好事先经历过许多训练,才能在危机面前保持冷静。"

　　载人航天工程是全世界最庞大、最复杂的系统工程之一,由发射场系统、运载火箭系统、航天员系统、载人飞船系统、测控通信系统、飞船应用系统、着陆场系统七大系统组成,全国110多个研究所、3000多个协作单位和数十万名工作人员参与其中,任何一个环节出现问题都可能影响到整个航天计划。美国作为经验丰富的航天领头羊,尚且在其航天发展历史上发生过多起航天事故,造成数名宇航员牺牲及难以估量的经济损失。

那么,直到1992年才正式开始发展的中国载人航天工程,是如何在短短二十几年的时间里就顺利完成载人航天飞行任务的呢?神舟五号任务圆满完成的背后存在哪些故事呢?宇航员杨利伟的生命安全是如何进行保障的呢?

(二)未雨绸缪,以待未来

2001年深秋的一个中午,酒泉卫星发射中心迎来了一批神秘的客人。2架专机秘密降落在鼎新机场,14名乘客一下飞机,立即受到国家领导人级别的安全保护,公路上伫立着一个个路协警卫,身边跟着大量随身警卫,连入住的公寓都被派遣了充足的驻地警卫保护。他们中的3位就是在800多名战斗机飞行员中,过五关斩六将,通过层层选拔,最终被选定的第一批中国航天员——杨利伟、费俊龙、聂海胜。他们这次造访酒泉卫星发射中心,并非只是简单的参观学习,而是要执行一项特殊的训练任务——实地紧急撤离训练。

随着控制中心的一声令下"演习开始",身着厚重宇航服的杨利伟,熟练地打开火箭舱门,迈开小碎步,频率飞快,步伐却异常稳健,按照特定路线奔向发射架的一处逃逸通道。这条逃逸通道的入口位于发射架的第九层,高50多米,直径1.2米,就像一条竖立的滑梯,一直延伸至地下。在火箭发射时,一旦发生燃料泄漏等意外事故,这条逃逸通道将成为宇航员们的生命通道。这项特殊的训练将为宇航员的生命安全增添一份保障。事实上,这项训练仅仅只是地面3种求生方式之一,在他们平常的训练中仅仅是九牛一毛。

为了提高航天员对太空特殊环境的适应能力，航天员选拔训练中心最大限度地模拟了太空舱内的真空、失重、震动、噪音及孤独等情境。而最让杨利伟等人苦不堪言的，必然要数离心机训练了，即通过高速离心机旋转，让身体适应飞行过程中出现的超荷载。每次看到训练录像里自己脸被拉得变形，眼泪也止不住地流出时，杨利伟便知晓，未来上天时的保障又多了一分。

除此之外，航空航天研究所多次进行火箭设计安全性论证，自主研制发射控制逃逸塔，组建搜救大队及制定各种流程制度来保障航天员的安全，保证神舟五号载人航天任务能够顺利圆满完成。

（三）谨小慎微，慎终如始

2003年8月23日，中国长征2F火箭如期运抵发射场，神舟五号载人航天任务的各项测试工作随即展开。受到前一天巴西火箭爆炸事件的影响，检测中心的全体人员在工作时更加专注细致，不错过任何一点细节。

9月中旬的某天，长征2F火箭正在进行发射前的第三次总检查，一项项检测任务有序地进行着。虽然已经是第三次检查了，并且所有的数据都显示正常，但是指挥自动化技术系统（Communication, Command, Control and Intelligence, C3I）指挥沈爱华依旧神情专注地检查着每一项参数。突然，他眉头紧锁，脸色凝重，盯着大厅显示屏中的一组参数值回想着刚刚看到的一幕。那是反映火箭舱内温度的检测项目，其中的一个参数略显异常，并伴随着尾舱着火的故障提示一闪而过。在50多万个数据当中，这个异常参数存在的时间不足2秒，犹如昙花一现，立刻消失在海量的数据中。望着身旁同样注视着显示屏却没有反应的同事，他不禁怀疑是不是自己看错了？但是身为航天人，哪怕是真的看错了，也必须进行彻底的检查，同时，沈爱华也更相信自己几十年来磨砺出的火眼金睛不会出错。"一定存在着这个异常参数！要找到它！消灭它！"沈爱华对自己说道。随后他将这一发现报告给指挥部,坚定地要求进行数据复现。经过几天的努力,终于,沈爱华再一次从浩如烟海的数据中找到了那个稍纵即逝的异常参数。经检查,这项参数涉及航天员逃逸辅助决策,如果在火箭发射时该参数异常,很有可能出现让航天员误逃逸的重大事故。解决了异常参数后的沈爱华长舒一口气,庆幸自己没有存在侥幸心理,同时这再一次为他敲响了警钟,任何时候都不能放松警惕啊!

事后,他召集全体检测人员开会,告诫大家:"航空航天系统宏大而复杂,无论多么严密的论证和流程,都无法确保每一个细节不出差错。我们的工作就是在火箭正式发射前,反复进行模拟检查。每一次模拟都可能会出现不同的问题,这些问题一定要在下一次模拟前被解决,不能忽视任何一点细节,不能放过任何一点异常!"

(四)胆大心细,艺高气豪

10月14日晚上7时50分,火箭燃烧剂加注完毕,紧接着就要进行氧化剂的加注工作。时任加注指挥的李伟带领同事们有条不紊地进行加注前的最终确认工作,然而,意想不到的意外发生了——加注管路中关键的9号流量计毫无反应!流量计无法显示数据,就无法正确判断加注量,而飞船对加注精度的要求非常高,几百吨的燃料,总体误差不能超过万分之一。李伟带着操作手迅速对9号流量计进行检查,最终确认是流量计本身出现了问题。虽然知晓了问题所在,但是此时距离火箭进入发射程序已经不足5个小时,更换流量计必定导致火箭无法如期发射。面对如此窘境,李伟脑海中闪过万般思绪,突然灵光一闪,想到了一个从未练习过的预案——迂回加注。

迂回加注比正常加注的程序要复杂得多,许多环节都需要人工操作,指令多达上百条。因此当李伟选择使用迂回加注的方式时,指挥大厅中所有人都不禁担心起来。此时,李伟却镇定下来,脑海里不断回想着迂回加注的所有指令,如往常训练般快速进行了一次指挥模拟。随后,全体操作手表示已做好加注准备,李伟开始发布第一条指令:"启动 2 号泵,开始加注!"氧化剂通过二级加注管路缓缓流入火箭助推器贮箱。之后他的每条指令都精确到开启每一个阀门、操作每一个调节阀开关上。

"加注完毕!"晚上 10 点,听到李伟的口令后,所有人都长舒了一口气,氧化剂迂回加注取得了成功,火箭将按时进入发射程序。

（五）不忘初心,梦圆飞天

2003 年 10 月 15 日 9 时,"10,9,8,7……"当零号指挥员郭保新倒计时口令传来时,杨利伟情不自禁地举起了右手,向祖国和人民敬了一个庄严的军礼!"点火、起飞!"一声令下,火箭发射架上火光顿起,火箭底部喷涌着橘红色的烈焰,烟雾弥漫之中,一艘承载着无数人飞天之梦的乳白天舟,缓缓腾空,在广大中国人民的注视下,徐徐上升……

二、案例拓展

（一）教学目的与用途

本案例适用于工商管理学科的本科生及 MBA 学员对"管理学原理"课程中有关控制基础等章节的知识点的学习,也适用于思政课程中的爱国主义精神教育教学。

本案例的教学目的主要包括以下几点:描述神舟五号载人航天飞行过程中遇到的一些问题及解决过程;引导学生思考和学习有关控制职能的主要类型、作用与目的等知识点;留给学生一些讨论的空间,让他们探讨控制职能的有效实施情况,如有效的控制是如何实现的、有效的控制有什么特征等;同时,让学生了解"载人航天精神"在实践中的具体体现,加深对其内涵的理解,激发学生的爱国主义情怀。

（二）启发思考题

1.沈爱华为什么说要反复进行模拟检查？李伟为什么会采取迂回加注方案？

2.本案例中出现了哪些控制类型？按照什么标准对它们进行分类？有什么特点？

3.结合自己的亲身经历,思考在实际控制活动中需要注意什么。

4.杨利伟、沈爱华、李伟展现了怎样的精神？其精神内涵是什么？

（三）分析思路

本案例描述了神舟五号载人航天飞行计划实施中出现的 4 个问题,并对其解决过程进行了介绍,旨在加深学生对管理控制职能的基本认识,引导学生学习管理控制基础的相关知识,同时也加深学生对"载人航天精神"内涵的理解。在分析案例时,教师可以先从管理学原理的角度,对上述 3 人的具体活动做分析,让学生理解这些活动的含义与目的,并从不同的角度对这些控制活动进行分类归纳,让学生对管理控制基础有一个概述性的认知,最后启发学生联系实践,思考如何实现有效控制。教师也可以站在红色精神的角度,分析上述 3 人在面对困难、解决难题时展现的"载人航天精神"的具体表现,并对"载人航天精神"的内涵进行深刻解读。

任课教师可以结合课堂情况,根据自己的教学目标来灵活运用本案例。本案例的分析思路如图 1 所示,仅供参考。

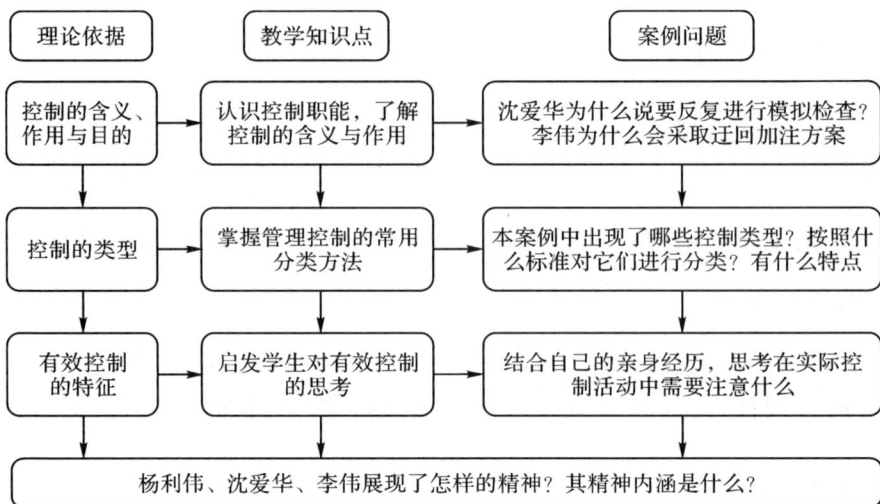

图1　案例分析思路图

（四）理论依据及分析

1.沈爱华为什么说要反复进行模拟检查？李伟为什么会采取迂回加注方案？

【理论依据】

（1）控制的含义。控制是最基本、最重要的管理职能之一，是使组织活动史加有效而进行的管理活动，它贯穿于管理的全过程。控制是要确保组织的所有活动朝着目标迈进，组织通过控制可及时发现问题及纠偏，使各项活动与组织的目标和计划相一致。

顾名思义，管理控制就是指管理人员对组织活动中的行为进行监控，确保各项任务按计划进行，一旦出现违背预期的行为，立刻采取有效措施制约成员的行为，保证顺利完成组织的目标和计划。控制具有3层含义：第一，控制是为了确保整个工作过程按计划预期展开，因而控制职能是以实现目标为目的的；第二，控制是由两大主要职能"监督"和"纠偏"来实现的;第三,控制不是一个行为,而是一整个过程。在管理实践中,要保证组织活动按照计划进行,控制是必不可少的。

(2)控制的作用与目的。

①更好地适应环境的变化,实现组织的各项计划和目标。组织的内外环境是不确定的,是动态变化的,因此计划在执行的过程中往往会发生偏差,所以必须进行控制。当组织面临内外环境变化时,这些变化客观上要求组织必须对原有计划进行适当调整,或者对现有活动进行适当控制,从而使组织的活动与计划相适应。

②充分发挥控制系统作用的需要。当组织规模较小时,控制是简单的,甚至是不需要的,因为规模小,管理权限高度集中,控制的必要性还不是很明显。但是当企业经营到一定规模,组织活动变得复杂时,高层管理人员就无法面对面地组织和指挥全体成员的活动,就必须实施分权管理。一般而言,组织分权程度越高,越需要完善的控制系统。

③避免管理工作的失误。工作中每个组织成员的认知能力和工作能力是有差异的,因此即使在非常理想的条件下,如组织制定的计划非常周密完善,但是在管理活动中都不可避免地会出现一些失误,如果没有及时得到纠正就可能会影响到整个计划的实施,最终导致组织无法实现原定目标。

【案例分析】

(1)2003年2月1日,美国"哥伦比亚"号航天飞机在空中解体时爆炸,飞机内7名航天员死亡。同年8月23日,巴西一枚运载火箭在检测时突然爆炸,发射平台被毁,死伤40余人。

如此惨烈的事件引起了每一位航天工作者的警惕,面对庞大而复杂的载人航天工程,每一个疏漏都可能导致巨大的灾难。因此,即使面对一个在第三次总检查中稍纵即逝的异常数据,沈爱华也没有存在半点侥幸心理,坚持数据复现,从浩瀚的数据中找到那个异常之处,并进行修正。这就是管理者的控制职能。

控制就是要监督组织面临的环境是否发生意料之外的变化,组织内部的行为是否偏离了既定的计划,并采取相应的措施进行纠偏,确保组织的所有活动朝着目标迈进,使各项活动与组织的目标和计划相一致。

(2)控制的作用与目的是使组织更好地适应环境的变化,实现组织的各项计划和目标。在开始加注工作前,突然发生关键流量计失灵的意外事件直接影响到原定加注方案的实施。同时,由于火箭即将进入发射程序,来不及更换新的流量计,只能采取迂回加注的方案,最大限度地降低流量计失灵造成的影响,确保加注工作能够及时完成,不影响接下去的飞船发射工作。

2.本案例中出现了哪些控制类型?按照什么标准对它们进行分类?有什么特点?

【理论依据】

控制的主要类型

管理控制按照分类标准的不同,可以有各种各样的分类。以下介绍2种管理控制中常见的分类方法。

(1)前馈控制、现场控制、反馈控制。按照控制活动发生的时间,管理控制可分为前馈控制、现场控制、反馈控制。

①前馈控制。前馈控制是指在工作准备阶段,充分考虑工作过程中可能出现的问题和偏差,并采取相应的措施降低出现问题和偏差的概率及其损害,对于无法避免的问题则需要制定有效的预案,以确保在工作过程中即使出现问题也依旧能够顺利进行。前馈控制的基本逻辑是"防患于未

然"，即通过充分的准备工作消除隐患，使得工作能够按计划顺利完成，这也是管理者在管理过程中最期望实现的目标。

通常，有效的前馈控制需要按照科学的流程进行，内容如下：A. 管理人员必须十分熟悉整个计划和控制系统，能够精准找到其中的关键变量；B. 管理人员根据关键变量建立相应的前馈控制系统模型；C. 管理人员定期检查系统模型中的变量及其相关关系是否与实际情况相符，确保模型的有效性；D. 管理人员定期收集、更新相关信息，确保控制系统始终与现实相符；E. 管理人员定期比较实际信息与计划信息之间的偏差，并预测偏差对整体计划的影响；F. 针对影响较大的偏差，管理人员需要制定有效应对的预案，消除偏差对后续计划的影响。

前馈控制的优点：A. 前馈控制可以避免在工作过程中发生大量的可预见问题，有效减少不必要的损失；B. 适用范围广，被大量的管理人员采纳；C. 前馈控制是系统性控制，针对客观条件而不是员工，更易于被接受和实施，且不易在执行过程中产生冲突。

前馈控制的缺点：A. 需要大量准确的信息；B. 需要对过程充分了解；C. 需要及时了解新情况及问题。

②现场控制。现场控制也被称作同步控制，是指管理人员在工作过程中发现即将出现的问题，并采取措施消除偏差，使实际工作结果符合预期的活动。现场控制的基本逻辑是"按计划行事"，员工在实施工作时，往往无法完全领会管理者的意图，因此无可避免地造成偏差，管理人员则需要通过现场控制手段，对员工工作时产生的偏差及时予以纠正，保证工作能够按计划顺利进行。

一般来说，基层管理人员都必须具备现场控制的能力，主要体现在 2 个方面：监督和指导。监督是根据既定的计划检查正在进行的工作；指导是管理者针对下属工作中出现的问题，针对性地提出改进意见和方向，使下属能够正确领会工作意图，正确完成计划内容。

现场控制的优点：有助于及时纠正偏差，确保达成原定计划的目标，避免造成更大的损失。

现场控制的缺点：A. 适用范围较小，一般由基层管理者进行现场控制，且控制效果取决于管理者个人的业务水平和领导能力；B. 需要耗费管理者大量的时间和精力，因此无法做到事无巨细，只能选择一些关键问题进行控制；C. 现场控制的对象主要是人，因此具有较强的主观性，容易使员工产生不满情绪，造成更大的问题。

③反馈控制。反馈控制也被称作事后控制，是指在工作或行为完全结束之后，对活动过程中存在的问题进行总结归纳，再通过采取纠偏行为或者调整工作计划，使下一阶段的工作能够顺利进行。与前馈控制和现场控制不同，反馈控制发生在事后，管理者能够针对活动过程中存在的所有问题进行控制，这是控制活动最传统的形式，也是管理者最主要的控制方式。反馈控制的基本逻辑是"吃一堑长一智"，即对于已经存在的偏差，管理者要及时进行调整，避免造成更大的损失。

反馈控制的一般流程：A. 根据计划的预期标准，检查实际的工作结果，找到两者之间的差距；B. 准确分析现实和预期存在差距的原因；C. 采取补救措施降低差距对计划预期的影响程度，必要时也可对原有计划预期标准进行调整，确保达到最终目标。

反馈控制的优点：A. 吸取教训，总结规律，当该工作需要周期性重复时，可以有效避免出现过的问题，提高效率，实现良性循环；B. 可以降低已存在的偏差对后续工作的影响；C. 反馈结果可以作为对组织成员奖惩的依据。

反馈控制的主要弊端：只能在事后发挥作用，即进行反馈控制时，工作中已经出现问题且造成了损失，无法改变和挽回，无异于亡羊补牢。[1]

（2）直接控制和间接控制。按照采用的手段不同，可以把控制划分为直接控制和间接控制。

①直接控制。直接控制是指通过提高管理者及其下属的自身素质,避免其在工作过程中出错的控制活动。直接控制的基本逻辑是:员工自身的素质越高,对工作计划的理解就越准确,对工作过程中可能存在的问题就越敏锐,因此在工作过程中出现偏差的概率越小。

②间接控制。间接控制也被称为影响控制,它是指在偏差出现且造成损失后,追究相关负责人的责任并督促责任人加以改进的控制方法。间接控制的基本逻辑是:员工一定会犯错,因此管理人员需要比较现实结果和计划标准之间的差距,追查出现偏差的原因和责任,然后予以纠正。

间接控制并不是普遍有效的控制方法,这主要是因为管理工作的绩效和员工责任感的高低难以衡量,并且对某些偏差出现的原因难以准确溯源,也难以有效追责。

(3)预防性控制和纠正性控制。预防性控制是指在偏差、损失和错误行为出现前,采取措施降低其发生概率的控制手段。这在实际管理工作中被广泛应用。纠正性控制是指在工作过程中出现问题后采取补救措施使其重新符合计划预期的控制手段。[1]

【案例分析】

(1)杨利伟进行逃生训练及各项适应性训练,是为了预防在火箭发射过程中及在太空飞行过程中可能发生的意外情况,即是一种防范风险、错误的管理活动,因此属于预防性控制。而与之相对的则是纠正性控制。

(2)沈爱华在进行火箭发射前的第三次总检查时,发现某一参数略显异常,依靠自身丰富的知识储备和工作经验,立刻推测出存在的隐患,从而进行更细致的检查,找到潜在的问题,并予以纠正。这种控制方法依赖于沈爱华自身的高超素质,即对可能存在的问题具有敏锐的洞察力,正是这种素质,消除了火箭发射前存在的隐患,大大降低了火箭在升空时产生意外的风险。从手段来看,这种控制方法属于直接控制。

(3)李伟在加注工作将要开始前突然发现关键的流量计失灵,灵机一动选择改变原有计划,采取备用的迂回加注方案,而此时正是在活动进行中,从控制活动发生的时间角度来看,这属于现场控制。在这个过程中,李伟充分体现出现场控制的两大职能:监督和指导。在加注工作前发现关键流量计失灵,及时了解工作过程中出现的意外偏差,这正是管理者监督职能的体现。而指导职能则是李伟作为管理者表现最出色的地方,在发现意外偏差后,李伟镇定地分析偏差产生的原因,根据事先准备好的预案,迅速确定操作指令,展现了管理人员善断果敢的素质。随后,在进行迂回加注的过程中,李伟的从容镇定和耐心指导也感染了其他工作人员,最终确保了加注工作的圆满完成。

以上分析仅供参考,一项控制活动,根据分类方法的不同可以归纳为不同的控制类型,因此同学们也可以从其他角度进行解读,合理即可。

3.结合自己的亲身经历,思考在实际控制活动中需要注意什么?

【理论依据】

有效控制

为了使控制工作更加切实有效,在管理控制中一般需要注意以下几个方面:

(1)控制应该与组织和组织计划相适应。控制工作的最终目的是使组织能够按计划达成预期目标。因此,控制工作的实施必须以计划为依据,管理人员必须十分熟悉计划的各项内容和每一项工作的意图,针对不同的计划,采取最恰当的控制手段。这主要是因为不同的计划具有不同的特点,相应地,控制过程中所需的信息也各不相同。例如,针对计划中的关键内容,管理人员必须采取前馈控制,确保关键工作不出差错;对于工作中发生的具有较大影响的意外偏差,管理人员要及时采取现场控制,纠正偏差;对于已经发生的偏差,管理人员要适时地采取反馈控制,确保下一阶段工作不受影响。

同时,控制工作的实施也需要考虑组织的结构类型和特征。例如,间接控制必须以权责分明的组织结构作为基础,否则追责制度难以有效实施。因而,健全的组织结构是管理控制有效实施的保障。这主要体现在2个方面:一方面,工作过程中的实际情况和状态能够迅速在组织中上传下达,各级管理人员和员工能够保持流畅的沟通,控制信息在控制系统之内同步;另一方面,权责分明的组织结构使每个部门、每个人都能切实担起自己的责任,努力将自己的工作任务完成。

(2)突出重点,强调例外。一个完整的计划往往包含了许多过程和任务,但是管理人员的时间和精力都是有限的,因此,想要控制所有的过程和任务是不可能的。但是,在执行任务时,有些任务对计划的完成影响力较大,有些任务对计划的完成影响力较小,因此,管理人员只需要控制好那些对计划完成影响较大的任务,就可以确保计划基本能够完成,而不必完全了解计划执行中的全部细节。

控制不仅要突出重点,而且必须强调例外。在计划实施过程中,不可避免地会发生一些意外情况,对于管理人员而言,把有限的精力集中在真正需要引起注意和重视的例外问题上才是有效管理控制的重中之重。

(3)具有灵活性、及时性和经济性。

灵活性是指当工作过程中的环境发生改变时,控制系统依然能够发挥作用,适应环境变化的能力。有效控制不是死板的,其依据的标准、衡量工作所用的方法等都可能会随着事情的变化而变化。在管理实践中,管理人员为了更好地约束员工,往往会提出各种规章制度,但这可能会弱化控制系统的灵活性。

及时性是指控制系统对控制信息的收集、传递和处理能力。信息是管理控制的基础,信息的收集能力反映了控制系统对环境变化的敏感性,信息的传递能力则在一定程度上反映了控制系统和组织结构的适应性,信息的处理能力则是决定控制系统有效性的重要因素。

同时,管理控制活动需要耗费人力、物力和财力,因此经济性也是有效控制必须具备的。如果控制成本过高,甚至高于偏差带来的损失,那么这种控制行为是没有任何意义的。因此,管理人员在设计控制系统时要充分考虑各项工作是否需要控制及控制到什么程度才是最具有经济效益的。

(4)有效控制的衡量标准是多重的,不应自相矛盾。有效控制的绩效是很难量化的,单一的衡量标准往往不够准确,也更容易使评价失真。因此组织在衡量组织绩效和员工行为时,应尽可能建立多重衡量标准,从不同维度进行综合评价,使衡量结果更有说服力。但必须注意的是,多重的衡量标准不能自相矛盾,而应该相辅相成。

(5)适度性原则。有效控制是实现组织计划与目标的基础,但是如何把握控制的尺度则是管理人员的艺术。对于被控制者而言,过度控制会扼杀其主观能动性,控制不足则无法帮助其顺利完成工作任务。无论是过度控制还是控制不足,都会导致组织目标无法按计划完成,给组织造成损失。

想要保持管理控制的适度性,培养组织成员的自我控制能力非常重要:员工在生产和业务活动的第一线,是各种计划、决策的最终执行者,培养员工的自我控制能力可以从根本上提高控制的有效性。此外,自我控制还有助于发挥员工的主观能动性,使员工发自内心地想达到工作预期,这不仅可以提高员工绩效,也使得整个管理过程更加简洁。管理人员只需在关键处实施控制手段,在减少控制成本的同时,甚至可以提高控制系统的有效性。

(6)有效控制应该被员工所理解并接受。管理控制是对客观事物和组织成员的全面控制,一般而言,对客观事物的控制并不难,难的是对组织成员进行控制。除了前文所述的适度性原则外,管理人员必须注意的是,员工对控制系统的理解程度和接受程度。控制活动的最终落脚点在于控制员工的行为符合预期,如果员工不理解控制的意图,或者对控制系统产生抵触的情绪,那么这个控制系统必定是低效甚至无效的。[1]

【案例分析】

学生应先表明自己要阐述的事件经历属于哪一类控制手段,其次应描述具体的控制情境,包括具体的组织目标、组织计划、组织架构及活动背景。随后要将整个实践过程有条理地梳理表达,侧重于为什么要采取控制手段? 如何采取控制手段? 控制手段的效果如何? 理论依据只作为参考,学生也可以从其他角度进行分析,本题旨在扩展学生思维,结合学生亲身经历,加深其对管理控制职能的理解,因此合理即可。

4.杨利伟、沈爱华、李伟展现了怎样的精神? 其精神内涵是什么?

【理论依据】

"载人航天精神"的基本内涵是:热爱祖国、为国争光的坚定信念;勇于登攀、敢于超越的进取意识;科学求实、严肃认真的工作作风;同舟共济、团结协作的大局观念;淡泊名利、默默奉献的崇高品质。

【案例分析】

杨利伟展现的是中国航天员热爱祖国、奉献自我的崇高精神,沈爱华展现的是中国航天人科学求实、严肃认真的工作精神,李伟展现的是临危不惧、勇于担当的精神。

"载人航天精神"在航天实践中具体表现为特别能吃苦、特别能战斗、特别能攻关、特别能奉献。其基本内涵可以概括为：热爱祖国、为国争光的坚定信念；勇于登攀、敢于超越的进取意识；科学求实、严肃认真的工作作风；同舟共济、团结协作的大局观念；淡泊名利、默默奉献的崇高品质。

（五）背景信息

2003 年 10 月 16 日 6 时 23 分，神舟五号完成了 14 圈绕地球的飞行后，返回舱于内蒙古四子王旗主着陆场成功着陆。

2005 年 10 月 12 日，神舟六号载人飞船发射成功，航天员费俊龙、聂海胜经过 115 小时 32 分钟太空遨游后安全返回。

2008 年 9 月 25 日，神舟七号载人飞船发射成功。航天员翟志刚、刘伯明、景海鹏顺利完成了空间出舱活动和一系列空间科学试验。

2012 年 6 月 16 日，神舟九号载人飞船发射成功，航天员景海鹏、刘旺和刘洋顺利完成了中国首次载人交会对接任务。

2013 年 6 月 11 日，神舟十号载人飞船发射成功，航天员聂海胜、张晓光、王亚平顺利完成了与"天宫一号"目标飞行器两次交会对接任务。

2016 年 10 月 17 日，神舟十一号载人飞船发射成功，在轨飞行期间与"天宫二号"空间实验室成功进行自动交会对接。

2021 年 10 月 16 日，神舟十三号载人飞船发射成功，航天员翟志刚、王亚平、叶光富顺利进入空间站开展任务。

（六）关键要点

1.掌握控制的含义、作用与目的及控制的主要类型。

2.能够结合案例，掌握控制职能的常用分类方法，结合实践整理不同控制类型的优缺点。

3.结合自己的亲身经历和相关理论知识,思考如何在实际管理中实现有效控制。

4.从案例所描述的情境中,挖掘航天人具备的精神特质,加深对"载人航天精神"内涵的理解。

(七)课堂计划建议

本案例适用于专门的案例讨论课。以下是课堂计划及板书建议,仅供参考。

建议整个案例课的课堂时间控制在 60 分钟。

课前计划:课前要求学生提前阅读案例,课前 10 分钟组织学生统一观看纪录片《筑梦天梯》,加强学生对神舟五号载人航天工程背景的了解,引发学生的求知乐趣。

课中计划:

个人发言(10 分钟)。教师可以让学生根据自己的意愿自由发表观看纪录片的感想,以及自己对"载人航天精神"的理解。

小组讨论(40 分钟)。教师可将学生进行分组,分别向每个小组询问 2个不同的问题,然后由各小组展开讨论,选出小组代表回答问题,并对案例及涉及的知识点进行指导。下面给出每个问题建议的讨论时间:第一题 8分钟;第二题 8 分钟;第三题 12 分钟;第四题 12 分钟。

案例总结(10 分钟)。教师借助 PPT 和板书相结合的方式,对本堂课进行总结,评价小组讨论情况,并结合案例相关内容进行关联性说明,从而对本案例所讨论的知识点进行归纳总结。

黑板计划如下:

> **控制的主要类型**
>
> 1.前馈控制、现场控制和反馈控制。
>
> 2.直接控制和间接控制。
>
> **如何实施有效控制**
>
> 1.控制应该与组织和组织计划相适应。
>
> 2.突出重点,强调例外。
>
> 3.具有灵活性、及时性和经济性。
>
> 4.有效控制的衡量标准是多重的,不应自相矛盾。
>
> 5.适度性原则。
>
> 6.有效控制应该被员工所理解并接受。
>
> **航天精神内涵的具体表现**
>
> 特别能吃苦、特别能战斗、特别能攻关、特别能奉献。

（八）相关附件

"载人航天精神"

内容: 自1992年党中央提出载人航天"三步走"发展战略以来,我国航天工作者在航天报国的伟大实践中,铸就了"特别能吃苦、特别能战斗、特别能攻关、特别能奉献"的"载人航天精神",彰显了坚定的中国特色社会主义道路自信、理论自信、制度自信、文化自信,为坚持和发展中国特色社会主义增添了强大的精神力量。[2]

提出背景: "载人航天精神"是在党领导全体航天工作者成功实现神舟五号载人航天飞行计划的实践中产生的;是在科研人员推动我国载人航天事业从无到有,从弱到强,不断攻坚克难、独立创新的过程中迸发的;是在全体宇航员为适应太空环境日复一日、年复一年进行艰苦训练的过程中诞生的;是在全国人民为我国航空航天事业的伟大成就感到自豪和认同时凝聚的。"载人航天精神"既是对"两弹一星"精神的光荣传承,也是以爱国主义为核心的民族精神和以改革创新为核心的时代精神的生动体现。2021年9月,党中央批准了中央宣传部梳理的第一批纳入中国共产党人精神谱系的伟大精神,"载人航天精神"被纳入。

（九）参考文献

[1] 郝云宏,向荣.管理学[M].北京:机械工业出版社,2019.

[2] 本报评论员.弘扬载人航天精神　自立自强创新超越:论中国共产党人的精神谱系之十八[N].人民日报,2021-09-19(01). DOI:10.28655/n.cnki.nrmrb.2021.009953.

培养团队精神，打造高效团队

——从女排人到女排魂

一、案例描述

（一）引　言

"起来，不愿做奴隶的人们……"目视高高升起的国旗，郎平思绪万千，有自己参加 1981 年女排夺冠时的荣誉和骄傲，有 1986 年之后女排接连失冠的惋惜和内疚，有今天再次夺冠的欣喜和坚定……郎平的思绪飘回 1981 年，那时的中国人被嘲笑大球永远转不到国际上，但是女排姑娘们在绝望中顶着来自国内国际的压力奋起突破，实现了中国大球夺冠的突破。是什么让经历了一次次蔑视的中国女排异军突起？为什么中国女排的神话在五连冠之后不再续写？又是什么让沉寂多年的中国女排东山再起？

（二）首夺冠

郎平回想起自己当初的那个女排家庭，无数个日夜里和队员一起练习接球、扣球，墙上满是她们扣球时砸出的凹痕，那时的她们是多么地不顾一切啊！但是女排姑娘们知道这依旧不能达到教练的要求。作为主教练的袁伟民，他的训练从来都是注重细节的，严苛地打磨姑娘们的技术，锤炼她们的意志，安排技术过硬的陈忠和作为陪练来激发女排们的潜力。但同时他也深刻意识到，如果一个团队没有足够的凝聚力，即使人人都是高手，也最终会是一盘散沙。如何才能让她们形成自己的核心凝聚力呢？这个问题不断地困扰着袁伟民。于是，他试图不按常理出牌的魔鬼训练开始了。

首先,姑娘们被要求和男排一起对战找差距,尽管刚开始几乎都是失球,但是随着她们以敏锐的洞察力迅速察觉到对方的路数之后,也开始发力反攻,尤其是技术最好的孙晋芳,大家都很信任地把球传给她。通过这样一次一次地与男排磨炼找差距,女排姑娘们感觉自己越来越强大和团结,凭着那份对排球的热爱和执着,竟生出了一种巾帼不让须眉的干劲和冲力。

其次,陈忠和被安排以高强度的训练来训练女排姑娘们,以破解外国人试图计算中国女排打球套路的策略。他像个机器人一样不停给女排队员们扣球,让她们接起来。可是女排姑娘们并不是每个人都承受得起如此高强度的训练,在训练馆里,她们拼尽全力练习接球,直到累得爬不起来,心疼队员的郎平却在自己体力不支时为队友们多接几个球。女排姑娘们之间互相打气,没能完成任务,夜晚大家只能一起在训练场里铺上被子睡觉,一起来聊自己的未来规划和梦想。

终于,1981 年 11 月 16 日的傍晚,女排姑娘们迎来了她们的高光时刻。在世界杯决赛的最后一场中,沉浸在即将夺冠的喜悦中的女排姑娘们竟然让日本队先拿到赛点。在这个危险时刻,袁伟民再次泼冷水道:"你们要思考下你们是中国人啊,被其他民族打败你们真的甘心吗?千千万万的人民在背后注视着你们,希望你们能争取胜利,然而你们如果因为这一时的大意而输了比赛,你们觉得值得吗?你们想让自己留下一辈子的遗憾吗?"一席话浇醒了女排姑娘们,她们在经历最后一场厮杀之后终于取得了第三届女排世界杯的冠军。

（三）失　冠

然而胜利不是永远的,中国女排在经历了几年的辉煌时刻之后面对的是一届又一届的失败,无缘问鼎冠军。电视机里女排队员们灰心丧气地打着球,电视机外的国民们看着一蹶不振的比赛,曾经的中国女排到底为何会变成这样,曾经的"女排精神"又到哪里去了?

饭桌上的爸爸看着电视机里体育频道的回放说道:"也许是旧的训练方式已经没法跟上时代的需求了吧,这些女排姑娘的技术好像都不是很娴熟,这些固定的打法应该很容易被对手破解。"妈妈也说:"也有可能是女排队员们没有了这种核心的凝聚力和团结精神。我听说女排队员人数甚少,也就那些固定的队员,有时候偶尔进来一两个新队员还会受到老队员的排挤,这样的队伍,大家怎么能够融为一体呢?"爷爷也参与了谈论:"真希望有像袁伟民这样的一位领导来带领女排姑娘们啊,想当年声色俱厉、一丝不苟的袁指导三次带领女排夺冠的时候咱们多么威风。"奶奶虽然不太关心这些国际体育赛事,但是当年女排五连冠的威风也是有所耳闻的,她说道:"或许是不是现在的姑娘们都不太能吃苦了呀,当年刚改革开放的时候,不管男女老少,干活都是审着一股劲拼命地干,哎,这种精神在后辈们身上越来越少见了!"听着大家讨论得热火朝天,一边吃饭的女儿忍不住插一句:"才不是呢,我们新时代女性是很独立、有个性的,我们就喜欢按照自己的想法来打球,否则我们也是可以随时撂挑子走人的。"……随着讨论的声音越来越小,中国女排离大家的期望也越来越远了。

其实,这些讨论不仅存在于人们的茶余饭后,也在中国体育协会里,更在郎平的心里反复出现。郎平作为当时的女排主教练,回想起自己作为国外教练带领他国战胜中国女排的那一刻,心里五味杂陈,既有作为教练的职业担当也有作为中国人的内疚自责。郎平反复研究中国女排当时的训练情况后觉得有很多不妥的地方,当时女排的指导顾问和教练依旧以他们认为正确的方式管理着女排姑娘们,他们对中国女排的要求低,认为稳一稳就行,一味地加强日常管理和抓作风,惩罚没收她们的手机,减少她们的娱乐活动,却很少奖励她们想要的东西,最重要的是,他们依旧采用30多年前制定的训练方法,但这早已跟不上国际潮流了。

（四）再夺冠

郎平当时被人称为"铁榔头"，她当初的职业生涯并不是顺风顺水的。郎平刚进入国家队时连上训练场的资格都没有，看到别人已经在练习接球，她还在一遍遍地举杠铃，在无数个深夜里独自练习扣球。当然上天会眷顾努力的人，她在以后的每一次比赛中都拿到了令人满意的结果。但是在接连几年的世界级女排比赛中，赛场上弹跳俱佳、发光发彩的郎平却留下了无数的伤病，身体和年龄的限制让她已不能在排球场上如鱼得水。但是她对排球的热爱丝毫不减，不能在赛场上奔跑的她选择退居幕后做起了教练，面对女排现在堪忧的状况，她选择进行大刀阔斧的改革。

一天，郎平在大家训练得很疲惫时喊道："大家休息一下吧。你们可以总结一下最近的练习有哪些得失，我们要做到一天比一天进步才行啊！我现在推行的这种大国家队的训练模式相信大家是很不适应的，需要和很多不同的队员磨合，但是我希望大家能够不断适应这种需要和别人磨合的过程，这些来自其他国家的专业教练也会一对一地帮助你们制定专属计划，你们是独一无二的，重要到我们现在只有首发和非首发，没有人是替补，你们尽管拿出实力去拼就行了。当然，我也希望你们都成为优秀的人，我希望排球成为你们的工作而不会干扰你们的生活，你们应该有的娱乐生活是不会减少的。所以，大家今天可以不用训练了，可以去做做自己想做的事情，去放松放松！"

一席话听完，女排姑娘们深受感动，作为队长的惠若琪觉得自己似乎被理解了，作为主攻的朱婷和张常宁，作为副攻的袁心玥和徐云丽，作为二传的丁霞和魏秋月，作为自由人的林莉和王梦洁等，这些不管是老队员还是新队员，大家都感到满心欢喜。当大家都散去后，朱婷找到郎平教练谈心。郎平觉得这个姑娘一直都很优秀，可是缺少了一些爆发力。

"朱婷啊，我看你平时打球缺乏爆发力，我给你申请了蛋白粉，你要多增点肌肉,你这么瘦弱的身体可是不行的。"

"这个需要自费吗?我家里可能没有这么多钱给我买这些。"

"当然不用,这是上面批下来的经费。你专心训练就好了,钱的事你不用担心。"郎平说起来丝毫不显慌张,这其实是她自费买的,"最近看你有时候心不在焉的,你是有什么顾虑吗?你要想想你打球是为了什么。"

"为了父母。我原本想去广东打工,因为父亲修车很辛苦⋯⋯"朱婷眼里闪过一丝犹豫。显然郎平并不满意,她不希望朱婷的梦想是建立在家庭的负担之上的。

后来几天的训练里,朱婷打球还是很软,郎平大声质问:"你打球到底是为了什么?"

"为了成为你!"朱婷吼出来。在她的心里,当年排球场上英姿飒爽的郎平一直是她的标杆。"你们不要成为我,要成为你们自己。"这句话不仅点醒了朱婷,也点醒了其他的女排姑娘。看着这些女排姑娘疲惫的表情,郎平再次说道:"你们不必想其他的,大家并不应该把所有的荣誉和自尊都寄托在你们的输赢上,排球就是你们热爱的东西,你们全力去拼,只需要全身心思考和感受这个运动过程给你们带来的正能量和快乐,不用管会不会输掉比赛,这只是我要想的问题。"这似乎给女排姑娘们吃了一颗定心丸,让她们能够毫无顾忌地训练和比赛,并最终赢得了她们想要的荣誉。

(五)未来可期

"起来,不愿做奴隶的人们⋯⋯"目视高高升起的国旗,郎平心里思绪万千,女排时隔20年再一次在奥运夺冠。未来,女排将会怎样,郎平充满无限期待和憧憬,也许会像这国旗一样伴着国歌一路高歌猛进,越来越勇吧。

二、案例拓展

（一）教学目的与用途

本案例适用于商学院的本科生、MBA 学员在学习"组织行为学"中有关团队行为的相关知识点时使用。

"组织行为学"中核心内容之一就是团队行为。本案例通过叙述女排队员辛苦训练勇夺桂冠的事迹及郎平作为教练指导女排时隔多年再夺冠的事迹，旨在帮助学生了解和掌握团队行为的相关理论知识。具体来说，本案例主要的教学目标包括：

1.通过了解本案例，引导学生掌握团队的内涵、特征及类型。

2.通过本案例的教学，引导学生掌握团队效能的定义和影响因素。

3.通过本案例的教学，引导学生掌握团队中领导的素质和领导力的来源。

4.通过本案例的教学，引导学生对"女排精神"做创新性思考并且探索如何塑造高效团队。

（二）启发思考题

1.什么是团队？一个合格的团队需要具备哪些特征？女排的团队属于什么类型的团队？

2.团队效能的定义是什么？致使女排陷入低谷的团队因素有哪些？

3.郎平作为团队领导者具备哪些素质？她领导力的来源又是什么？

4.你对新时期"女排精神"有什么新的解读？你认为怎样才能把女排塑造成一个高效团队？

（三）分析思路

本案例描述了女排改革开放初期在顶着巨大压力的情况下，袁伟民指导女排姑娘们勇夺桂冠的训练事迹。最后在郎平的领导下，中国女排时隔20年之后再次在大赛中接连夺冠。教师可以根据案例情节中中国女排从成功到失败到再成功的转折关系，按照"团队定义及分类—团队效能—团队领导者—如何建设高效团队"这样的分析思路来讲述团队行为的相关知识点，并且重点分析团队效能和如何建设高效团队。

首先，教师可以播放一段女排夺冠比赛的短视频，并且在观后让大家发表感想和看法，询问大家关于女排和郎平都了解些什么，由此引入案例故事，并且引入团队的内涵、特征及类型；其次，通过案例中女排陷入低谷时期其家人的讨论来概括出团队效能的影响因素有哪些；再次，结合郎平领导和训练中国女排的场景来总结团队中领导者的个人素质和领导力来源；最后，让大家发挥创新性思维对"女排精神"进行思考和总结，并且结合课堂内容及所学提出建立高效团队的建议。

任课教师可以结合课堂，根据自己的教学目标来灵活运用本案例。本案例的分析思路如图1所示，仅供参考。

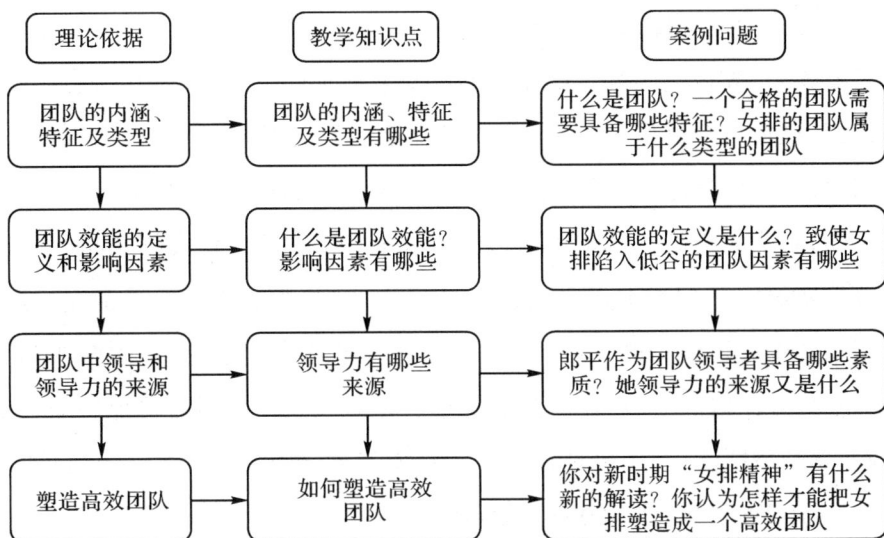

图1　案例分析思路图

（四）理论依据及分析

1.什么是团队？一个合格的团队需要具备哪些特征？女排的团队属于什么类型的团队？

【理论依据】

（1）团队的内涵。团队是指生活背景、身份地位及知识储备等都不太相同的人组合在一起形成的组织,组织成员能够一起解决生活中的一些问题,并且一起工作,相互扶持,然后共同完成组织的最终目标。

（2）团队的特征。

共同的价值观:团队成员之间要有共同的价值取向,他们都要一致地认为什么是对的,这样在做问题决策的时候,才能够保证拥有共同的话语,最终得出一致的结论。

协同性:成员之间能够相互协调,就是力往一处使,能够把不同人的不同优势都充分发挥出来,并且让这些优势达到最大。

凝聚力:成员之间要能够相互吸引,有一种潜在的纽带把他们连接在一起,并且在这个过程中,每一个成员都会愿意为其他成员付出自已拥有的东西,从而使整个团队里的氛围十分融洽,大家拧成一股绳。

(3)团队的类型。团队可以分为很多类型,很多学者会根据自已认为比较重要的因素来为团队定义,并且划分不同的团队类型。目前,已经有学者划分出比较统一的 3 种类型:一种是着重解决问题的"问题解决型团队",一种是比较注重管理的"自我管理型团队",还有一种就是比较全面的"综合功能型团队"。由于现在的网络技术发展,还出现了另一种以网络为依托的虚拟型团队,即"网络虚拟型团队"。

①问题解决型团队。问题解决型团队的成员没有很多主观能动性可以发挥,他们主要是看到了团队中出现的问题,然后根据自己的思考和社会实践告诉其他人觉得可以改变的地方并且带动其他人思考,大家相互之间交流各自的想法,最后得出一致的结论,并且最终达到改进工作、提高产能等各方面的目的。

②自我管理型团队。自我管理型团队主要是进行自我管理,团队成员不需要很多外部的人员或者是组织机构来干涉他们内部的事情。在很多年之前就已经出现了这种类型的团队,并且受到很多国家的推崇。当时除了一些比较发达的欧美国家之外,也在亚洲掀起了一种热潮,后来还经过很多人的改造,被推广到更多的国家。

自我管理型团队的设计应当具有以下 3 个要素。

第一,团队成员有权利获得他们想要的一些资源。这些资源非常广泛,上到各种非实物的信息等,下到一些需要大量资金购买的厂房、设备等。

第二,团队成员的发展是比较全面的,他们不仅可以解决一些职能部门内部的事情,并且可以解决很多其他职能部门的事情,可以综合地完成不同的横向领域和纵向领域的工作。

第三,团队成员拥有很大的权利,他们能够决定自己想要做什么,或者是不愿意做什么,并且他们能够决定怎么做,运用什么资源,最后达成什么样的效果。通过发挥这一种主观能动性,他们可以实现自身部门和其他部门之间的协调运转。

③综合功能型团队。这种团队的成员主要来自横向的很多部门,然后他们是拥有不同技能的员工,这些员工组合在一起,使得这个团体的功能十分强大,能够应付各种不同的复杂问题。其中,一个很重要的原因是,由于拥有不同的知识技能,在面对同一个问题时,他们是能够发挥各自特长的;而且由于思考问题的角度不同,他们能够从不同的切入点考虑得到解决问题的最有效的方法。

④网络虚拟型团队。这是一种新型工作团队,其基本特征如下。

虚拟,主要是指,随着网络技术的发展,很多成员不需要进行面对面的交流,就能够通过电脑或者是电子邮件、电话会议等各种不同的方式安排各自的工作,然后形成一个团队。尽管他们之间可能需要交叉完成的工作很多,但是他们根本不需要见面,因为整个网络能够完全满足他们各种交流的需要,并且在这个过程中,也能够节省金钱、时间和精力。

除此之外,由于团队成员之间不需要见面,上下级的沟通没有很多的障碍,下级能够通过虚拟的方式,向上级传达自己的一些想法和建议,这样能够使组织之间更为有效地运转,并且发现问题更及时。

最后就是这一团队的形式,能够使得大家想什么时候工作就什么时候工作,想在什么地方工作就在什么地方工作,这样整个团队就能够保持一种比较随意并且符合现代生活的方式运转。这种灵活的方式看似会使大家懒散,但其实对于现在的人来说,是有利于提高他们的工作效率的。

【案例分析】

(1)什么是团队?

团队是指目标相同的人构成的一个集体。改革开放初期的女排就是一个大的团队,有教练功底深厚的袁伟民,有技能过硬的陪练陈忠和,有技术精湛的队长孙晋芳,有扣球厉害的主攻郎平……

(2)一个合格的团队需要具备哪些特征?

①共同的价值观:1981年的女排姑娘们面对他国的嘲笑,想要为国争光,有着共同的国家、民族荣誉感,她们为了实现女排夺冠的共同目标不断努力着,荣辱与共,在最后决赛中依靠着共同的民族自信心和自尊心取得胜利。②协同性:女排队员们能够将自己的聪明才智在相互合作中充分展现出来,能够相互促进,发挥优势对战男排。③凝聚力:当女排队员们接受袁伟民教练的魔鬼训练时,大家相互帮助,尽管没有达到教练的目标和要求,但是团队的凝聚力得到了加强。

(3)当时女排的团队属于什么类型的团队?

当时女排的团队属于自我管理型团队。首先,当时的女排团队拥有国家的资源支持;其次,他们有不同技能的人员,各司其职,并且团队组织架构比较全面,具有完成祖国人民愿望的条件;最后,教练可以自己决定采用什么样的打法、怎么进行训练、如何安排队员比较合适等,这样来看,他们属于自我管理型团队。

2.团队效能的定义是什么? 致使女排陷入低谷的团队因素有哪些?

【理论依据】

(1)团队效能的定义。团队效能的定义十分丰富,它主要是指一个团队设定了目标,但是最终实现的效果可能和目标有所偏差,那么这个效果和目标之间的实际契合程度就决定了这个团队效能的高低。它应该包含很多考量因素:首先从人员层面来看是个人的绩效和团队的绩效如何;其次从发挥个人潜力的方面来看,能不能达到充分发挥每一个团队成员的潜力;最后整个团队成员之间的氛围和工作效果如何,能不能使每个团队成员都感到满足。

(2)团队效能的影响因素。用来描述团队绩效的输入—过程—产出模型,也被称为团队绩效 IPO 模型(Input-Process-Output/Outcome Model),如图 2 所示。

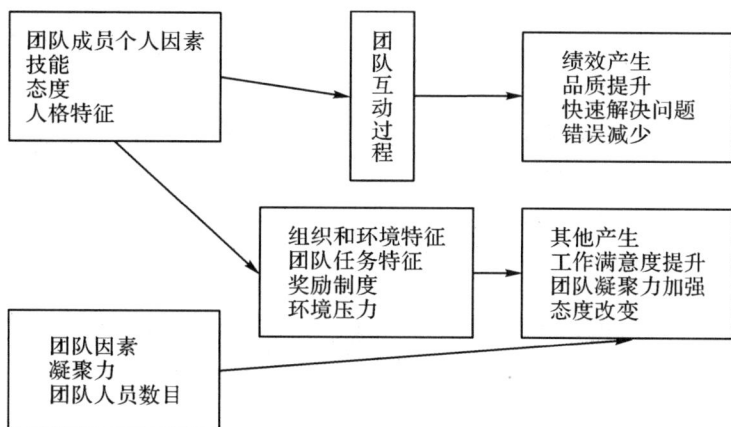

图 2　团队绩效 IPO 模型

模型显示了团队成员的个人特征、团队所在的情景特征及团队结构等投入因素,以及团队中一些动态因素的相互作用,最终影响团队单个成员、整个团队及整个组织的绩效。

①个人特征。一个人的特征会很大程度上影响团队绩效。团队中可能会存在多种技能的员工:有的员工专业知识十分丰富,比较适合解决专业问题;有的员工人际交往能力十分强,能够协调不同成员之间的社会关系;有的员工解决问题和分析问题的逻辑思维能力比较强,适合领导大家来思考问题解决的方向和途径。

②团队结构。正是由于每个人的个人特征不一样,在组成一个团队的时候,管理人员需要思考这个团队需要哪些技能的人,然后能够为他们提供什么样的利益,他们又能够为团队做出什么样的贡献。这就涉及团队的领导者需要根据自身团队的特点来设计整个团队的规模,以及这个团队的能力构成,这个团队最终走什么样的方向和道路。

③情境特征。不同的团队规模能够适应不同的情境类型。有些情况下,规模比较小的团队,能够非常灵活地发挥自身的优势;有些情况下,大的团队规模能够起到相互之间的竞争和促进的作用。所以现在很多学者认为,需要根据公司自身所处的情境,来确定规模的大小。但是更多的专家强调,应该保持尽量小的团队规模,这样便于协调团队中各个成员的利益关系,能够使得每一个决策在满足各个团队成员需要的时候都是尽量合适的。

【案例分析】

(1)团队效能的定义十分丰富,它应该包含很多考量因素:首先从人员层面来看,是个人的绩效和团队的绩效如何;其次从发挥个人潜力的方面来看,能不能充分发挥每一个成员的潜力;最后整个团队成员之间的氛围和工作效果如何,团队能不能使每个团队成员都感到满足。

(2)导致女排陷入低谷的团队因素有哪些?

①团队成员个人因素:首先是女排团队内部没有就比赛这件事情得出应有的态度,她们的重心只放在自己身上,会出现很多老队员欺负和排挤新队员的情况;其次是女排队员们都存在一部分个人主义,傲慢自大、自以为是等不太好的人格特征,导致了团队成员间关系的紧张和疏远,使得整个团队的协作能力十分低。②团队因素:首先是团队凝聚力很弱,大家没有齐心协力共同面对困难的精神,反而是相互间的矛盾和冲突占据主导;其次是团队结构不合理,团队人员数量较少,依然沿用以前的旧国家队的

模式,不能吸引更多的优秀人才进来,使得每个人的角色比较固定,团队之间技能不能互补,缺乏竞争性,技术提升的空间也相对较小。③组织和环境因素:首先是团队的目标设置过低,国家的管理人员认为只要那时候的中国女排稳一稳就可以了,没有要求她们发挥到极致达到当初夺冠的水平;其次是没有好的奖励制度,团队管理人员只注重惩罚她们,减少她们的娱乐时间,却没有给她们足够的个人空间,没有关照她们的需求,并且没有适当的激励措施;最后就是团队的内部压力比较小,加上外界因素的影响,造成内部团队成员的气馁和妥协,从而没有给自己施加足够多的压力。

3.郎平作为团队领导者具备哪些素质？她领导力的来源又是什么？

【理论依据】

(1)领导者素质的评价。领导者素质是种非常复杂和涉及面很广的综合特征,它包括一个人的个性、动机和能力,也包括一个人的品格、价值观和许多微妙的难以言表的特质。首先,领导者素质是在先天的生理和心理基础上,经过后天的学习和实践锻炼而形成的。领导者通过自身努力可以提高自身素质,进而提高领导绩效。其次,不同的国情特点和背景条件决定了对合格领导者的要求和标准也不一样。同时,对处于不同层级、肩负不同责任的领导者,素质要求也是不同的。例如,美国学者罗伯特·卡茨(Robert Katz)认为,领导者必备 3 种技能:技术技能(专业业务能力)、人际技能(处理人际关系的能力)、概念技能(分析和决策能力)。如果把领导者分为低、中、高 3 个层次,那么 3 种技能的结构层次依次为:低阶层、中阶层、高阶层。公共行政领导者一步步向上升迁时,对其技术技能的需求将会逐渐降低,而对概念技能的需求程度将会急剧上升。一位高阶层的公共行政领导者若想发挥最高的效能,就必须具备良好的概念技能。此外,有一个方法论问题值得注意,即不能局限于领导者本身来研究领导者素质,必须把领导者与被领导者联系在一起,领导者的素质才能被理解,也才有意义。

(2)领导力的来源。领导力主要来自两个地方:第一是职位权力。每个人所在的岗位都有一定的权力,他自身的工作性质决定他能够命令其他人做什么样的事情,他自身拥有什么样的威力。第二是个人威信。每一个人都具有不同的人格特质和吸引力,这也是一位领导者非常重要的影响因素,这主要体现在个人的工作行为、个人的人际交往能力及个人的品德、优良作风等各种不同的方面。

①职位权力。

合法性权力。合法性权力是上级能够指挥下级做什么样的事情,并且如果他不这样做,就会受到一定的处罚。但是这种权力的负面影响是只能强行命令别人去完成一项他不是非常满意的任务。这个过程中,并没有发挥团队成员自身的主观能动性,而是让成员被动地接受任务。因此这种合法性权力往往运用的是权威,而不能真正地起到一个很好的带领作用。

奖励性权力。在一个员工的工作范围内,他能够因为自己工作中出色的表现和上级的认可而获得比自身应该得到的报酬更多的奖励,这种奖励就形成了上级对下级的奖励性权力,也使得下级能够更加依附于上级,便于管理。

强制性权力。强制性权力是这些权力之中最具有强迫性的一种,因为如果不按照上级的嘱托来办事情,就有可能面临非常严重的后果。类似于政府颁布的法令和法规一样,违法必定会受到制裁。因此违背这种强制性权力的后果,就是团队成员有可能会丢掉工作或者是从团队中退出。

②个人威信。

参照性权力。参照性权力是指上级自身有很多发光发热的地方,自身的优势非常明显,从而能够给其他的团队成员以借鉴,其他的团队成员能够以这位上级为参照目标,来审视自己的一些行为是否正确,类似于现在的名人效应。

专家性权力。专家性权力是指专业知识十分丰富的人,他们在自身领域研究得非常深入,并且他们的专业知识受到很多人的认可,这时能够对其他的团队成员做到正确合理的指挥和指导。其实这种权力往往是一些比较专业的人员,类似于医生和心理专家等集体拥有的。

【案例分析】

(1)郎平作为团队领导者具备哪些素质?

①技术技能:郎平作为前女排国家队的队员,拥有过硬的扣球技术,并且在团队里担任主攻,所以技术技能方面很好。②人际技能:郎平担任中国女排主教练以来,没有像之前的管理人员一样采取错误的管理模式,而是在发挥每个女排姑娘个性的基础上关照她们每个人的发展和情绪健康,并且和女排姑娘们相处得如家人一样,经常促膝谈心,这样就形成了相互之间很好的人际关系。③概念技能:郎平的分析和决策能力是十分突出的,在面对女排内部结构僵化时大胆提出改变女排的人员结构和训练方式,在面对大家的心理问题时表明该由自己承担后果,给大家减轻压力。这些灵活的决策都说明郎平具备优秀的概念技能。

(2)郎平领导力的来源是什么?

①职位权力包括了合法性权力、奖励性权力和强制性权力。郎平的职位权力主要是国家和组织赋予的,她教练的职位使得她能够运用这种权力安排合适的训练方式,并且女排姑娘们也必须听从这些安排。奖励性权力则体现在郎平对女排姑娘们的赞扬和身体的关心上面,她通过这种关怀体现出作为领导的影响力。强制性权力则指郎平在训练中以决定和命令严格要求她们,她们必须遵守和执行。

②个人威信主要来源于参照性权力和专家性权力。参照性权力体现在郎平作为曾获得很多世界级女排比赛冠军的优秀队员,像朱婷一样的队

员都十分敬仰她,想要成为郎平一样的人,也就形成了她的参照性权力。对于专家性权力来说,郎平是前国家队女排的一员,接受过严苛的训练,后来也曾在外国执教,她知道什么样的训练方式是适合的,知道怎样提高女排姑娘们的战斗力,也就形成了她的个人威信并且让人信服。

4.你对新时期"女排精神"有什么新的解读?你认为怎样才能把女排塑造成一个高效团队?

【理论来源】

(1)高效团队的特征。

①拥有共同的目标。团队成员之间要有一个共同的目标和共同努力的方向,这样才能够形成一种合力,才能够凝聚团队成员。

②互补的团队成员。团队中每个人的技能不能都是完全一样的,或者是类似的,否则在面对不同问题的时候就不能够及时地进行有效的处理。团队成员之间应该是互补的,不同的人能够应对不同的变化和情况,这样才能够实现团队目标。

③充分的资源。任何组织和个人,都需要拥有一定的资源才能够达到自身的目的。如果资源不充足,很有可能会事倍功半。因此团队要想取得成功,就需要通过各种方式来获取自身需要的资源。

④相互信任。信任是十分重要的,如果每一个团队成员之间能够建立有效的信任,那么他们能够在很多事情上减少内部的猜疑从而有效地决策。一个没有信任的团队势必不会长久。

⑤一致的承诺。每一个团队成员尽管是为了自身利益而一起在团队里工作,但是他们也需要共同为团队做出一些承诺,这是为了保证他们能够尽自己最大的努力在完成自己工作的同时不损害团队的利益,使得团队的整体效益大于团队的内部个人效益。

⑥良好的沟通。良好的沟通十分重要,能够减少大家的猜疑和一些无畏的废话,并且能够保证团队成员之间气氛和谐融洽。

⑦有效的领导。领导是一个团队的核心,没有有效的领导,团队就像是一盘散沙。因此首先应该找到一个具有领导力,并且能够带领团队成员一起进步的核心领导成员,这样团队就有了主心骨。

⑧群体绩效评估与奖励体系。一个好的绩效评价指标和体系,能够使得团队成员在这个体系之下按部就班地工作,减少一些对未来的忧虑和不确定性,并且使得每个人的目标十分明确。

(2)塑造高效团队的途径。由于最终目的是要打造一个高效的团队,这就需要采取一定的方法和手段,如采用发放问卷的方法,同时也能采用拓展训练的方法。总体来说,高效团队的塑造要考虑以下几个方面。

①制定共同的团队目标。首先是给团队制定一个共同的奋斗目标,就好比在不同的时期,要有不同的动力一样。例如,在中华人民共和国成立以前,需要把重心集中在民族独立上面,而在中华人民共和国成立以后,就要把重心集中在富强繁荣上面。这跟一个团队的集体目标是一样的,在不同时期要树立不同的目标,这样才能够不断适应变化的环境,不断调整自身的组织结构。

②适宜的团队结构。团队结构尽管在组织刚刚成立时都很小,并且其中能够完成不同职能的人员往往是不够的,但是随着团队后期的不断扩大,就要根据团队的特点来选择合适的规模。规模一般不宜太大,也不宜太小,5—7个人就刚刚好。但是往往比较大的企业,团队规模都比较大,这时候就需要将团队拆分成比较小的项目组以完成不同的项目,这样每一个团队的效率才是最高的。

③正确的评估和薪酬体系。团队首先需要建立起一个比较好的评价和评估体系,这样能够提前规范和约束团队成员之间的行为并且避免后期解决团队成员之间发生的矛盾和纠纷时没有相关的文件依据。

④团队文化建设。团队文化或者企业文化是一个团队或者是企业能够长期生存的核心,物质利益尽管十分重要,但精神支柱也同样十分重要,只有当团队成员都有共同的文化和价值观的时候,才能够在实现团队目标的过程中做到事半功倍。

⑤培训团队成员之间的信任。高效的团队建设,离不开团队成员之间高度的信任。在团队的信任构建方面,团队信任的动态演进模型得到大多数学者的认可,如图 3 所示。团队信任的动态演进模型认为,团队成员之间有 3 种可能的途径构建信任。

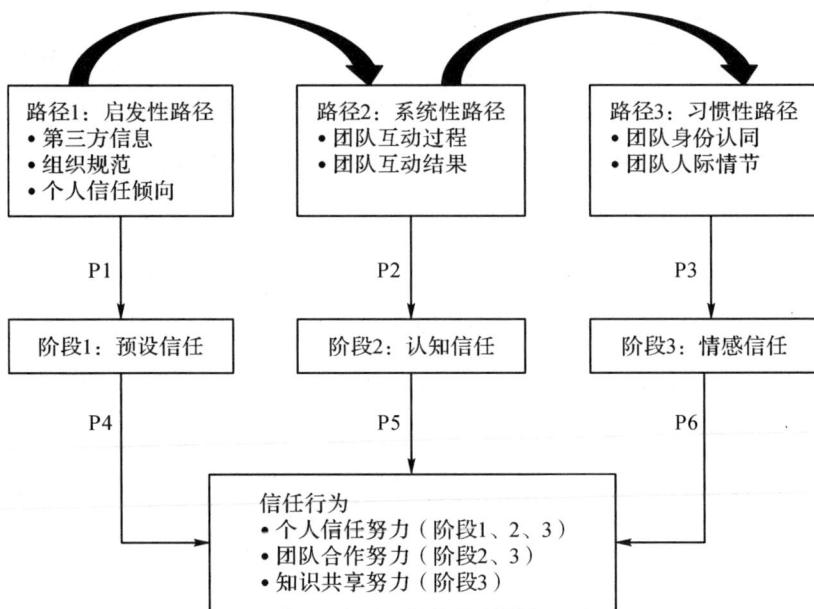

图 3 团队信任的动态演进模型

【案例分析】

(1)对"女排精神"的新解读:教师可以引导学生们说出自己的答案,只要是自己的解读并且带着正能量和思辨性就都是可以的。

（2）怎样把女排塑造成一个高效团队呢？

①制定女排共同的团队目标，为团队运营设立愿景，可以是近期比赛想要取得的成绩，也可以是未来想要把中国女排打造成什么样的队伍等这些共同的愿景和目标。

②搭建适宜的队员结构。在挑选女排成员的时候，需要考虑到每个成员的不同特点，然后根据每个人的优势，组建起一个合适的团队，这个团队结构往往是能够使每个成员的优势达到最优效果，能够使整个团体和谐融洽地相处。在考虑成员时，也要尽量招收拥有不同技能且可以相互协调互补的队员进来。

③制定正确的评估和薪酬体系。女排内部要有能够正确评估她们付出的努力和收获的一套体系，这样才能实现公平公正，并且也要有配套的薪酬衡量体系和标准，从而激发团队成员的战斗力。对于女排队员们，需要更多地正向激励且减少负向激励，这样更有利于女排队员们的身心发展。

④加强"女排精神"文化建设。首先是增强团队成员自身的自豪感，使她们能够感到在这个团队中受到了尊重，并且能够在团队中实现自身的价值和目标。

⑤培养女排队员之间的信任。需要使得女排队员之间心无旁骛、相互信任和相互依赖，这样有利于大家更好地合作和进步，逐渐培养起如家人一样的亲密关系。

（五）背景信息

"女排精神"的来源：

排球世界杯赛、世界排球锦标赛和奥运会中的排球赛是代表世界最高水平的3个大型排球比赛。1979年底，在中国恢复国际奥委会合法席位仅一个月之后，中国女排就夺得了亚锦赛冠军，排球成为三大球中第一个冲出亚洲的项目。

1981年,中国女排以亚洲冠军的身份参加了在日本举行的第三届世界杯排球赛,以7战全胜的成绩首次夺得世界杯赛冠军。袁伟民获"最佳教练奖",孙晋芳获"最佳运动员奖""最佳二传手奖""优秀运动员奖",郎平获"优秀运动员奖"。随后,在1982年的秘鲁世锦赛上,中国女排再度夺冠。紧接着,在1984年的第23届奥运会上,中国女排实现了"三连冠"的梦想。中国女排并未就此止步,在1985年的第四届世界杯和1986年的第十届世界女排锦标赛上,连续两次夺冠。于是,从1981年到1986年,中国女排创下了世界排球史上第一个"五连冠",开创了我国大球翻身的新篇章。

1981年11月,中国女排首次夺得世界冠军后,当时的《人民日报》就曾报道,截至1981年12月4日,中国女排收到贺信、贺电和各种纪念品达3万多件。北京商标一厂、无锡钟表厂等生产单位的职工在信中表示,要"学习'女排精神',保证完成和超额完成生产任务"。受"女排精神"鼓舞的北大学子则喊出"团结起来,振兴中华"的时代最强音。

女排夺得"三连冠"后,各媒体更是加大了对"女排精神"的宣传力度。诸如有媒体报道,"某工厂女工看了女排的事迹之后,每天早来晚走,精心操作,超额完成计划","某煤矿工人看完女排比赛之后,自觉加义务班,日日超产"等。《人民日报》还开辟了"学女排,见行动"专栏。

更多的中国人则通过"女排精神",真实地体会到一种从未有过的自豪感。"学习女排,振兴中华"成为口号,在全社会掀起了一股学习中国女排的热潮。"女排精神"简而言之,就是拼搏精神。这种精神在当时的中国,被大力提倡,有着深刻的时代背景。社会学家、中国社科院社会学研究所研究员王春光指出:"改革开放早期阶段,国人猛地意识到与世界的差距,而变得有些失落和彷徨。因此在这一背景下,'女排精神'广为传颂,其实就是在向国人和全世界庄严宣告中华民族崛起的信心和能力。"

1986 年中国女排实现历史性的"五连冠"后,"女排精神"开始被人们口口相传。[①]

(六)关键要点

团队行为是组织行为学中的关键内容,也是在当下企业实践中比较重要的方面,但是组织行为学涉及的知识点很多,其中涉及团队行为的知识点也比较详细和丰富,本案例仅仅涉及了团队行为中的一些基础知识点,因此需要融会贯通地理解团队行为的其他理论。

本案例中的"女排精神"体现在一代又一代参加比赛的女排队员身上,同时也体现在教练身上,大家剖析"女排精神"的时候不仅应该看到表层的团队作用,更应该深入分析这种精神在不同时代发挥效果不同的内在原因,体会领导者在促进"女排精神"发挥中的作用,从而很好地串联起组织行为学中团队行为和领导者的联系。

(七)课堂计划建议

本案例适用于专门的案例讨论课。如下是按照时间进度提供的课堂计划建议,仅供参考。

整个案例的课堂学习时间控制在 90 分钟以内。

课前计划:提前 1 周发放案例,提出启发思考题,请学生在课前完成阅读和初步思考。

课中计划:

案例引导(10 分钟)。教师先播放附件里面的一段简短的女排夺冠视频(5 分钟),逐步引起大家的兴趣和讨论热情,并且在观看后询问大家的观后感(5 分钟),逐步引导大家进入对"女排精神"的探讨,或者是自己对

---

① 来源:搜狗百科。

女排的了解和对郎平、袁伟民的事迹的了解。

案例分析(60分钟)。教师可结合案例引导学生进行案例分析:什么是团队?一个合格的团队需要具备哪些特征?女排的团队属于什么类型的团队?(15分钟)团队效能的定义是什么?导致女排陷入低谷的团队因素有哪些?(15分钟)郎平作为团队领导者具备哪些素质?她领导力的来源又是什么呢?(15分钟)你对新时期"女排精神"有什么新的解读?你认为怎样才能把女排塑造成一个高效团队?(15分钟)

总结点评(10分钟)。教师可根据学生的讨论情况进行总结点评,如果时间还有剩余,可以再带大家观看相关视频激发大家的爱国热忱。

黑板计划如下:

板书1

团队的内涵是什么

(1)不同背景、不同知识的人所组成;

(2)合理利用每个成员的知识和技能协同工作,解决问题,达到共同的目标。

团队的特征是什么

共同的价值观、协同性、凝聚力。

团队的类型有哪些

问题解决型、自我管理型、综合功能型、网络虚拟型。

板书2

团队效能的定义是什么

(1)产品是否达到规定的标准;

(2)团队发展中的一种提高团队成员共同工作能力的过程;

(3)团队成员在团队中的经历是否令人满意。

导致女排陷入低谷的团队因素有哪些

(1)个人因素；

(2)团队因素；

(3)组织和环境特征。

板书 3

领导者素质的评价

技术技能(专业业务能力)、人际技能(处理人际关系的能力)、概念技能(分析和决策能力)。

领导力的来源有哪些

(1)职位权力：合法性权力、奖励性权力和强制性权力。

(2)个人威信：参照性权力、专家性权力。

板书 4

怎样把女排塑造成一个高效团队

(1)制定女排共同的团队目标；

(2)搭建适宜的队员结构；

(3)制定正确的评估和薪酬体系；

(4)加强"女排精神"文化建设；

(5)培养女排队员之间的信任。

课后计划：让学生结合本案例提出其他与团队行为相关的问题并且研究解答，从而加深对该章节的理解，并且为深入学习团队行为理论做铺垫。

（八）相关附件

"女排精神"

内容："女排精神"是对中国女子排球队顽强战斗、勇敢拼搏精神的总概括。其具体表现为：扎扎实实，勤学苦练，无所畏惧，顽强拼搏，同甘共苦，团结战斗，刻苦钻研，勇攀高峰。

提出背景：女排姑娘们在世界排球赛中，凭着顽强战斗、勇敢拼搏的精神，五次蝉联世界冠军，为国争光，为人民建功。她们的这种精神，给予全国人民巨大的鼓舞。国务院及国家体委、共青团中央、全国青联、全国学联和全国妇联号召全国人民向女排学习。从此，"女排精神"广为传颂，家喻户晓，各行各业的人们在"女排精神"的激励下，为中华民族的腾飞顽强拼搏。

2021年9月，党中央批准了中央宣传部梳理的第一批纳入中国共产党人精神谱系的伟大精神，"女排精神"被纳入。

（九）参考文献

[1] 任浩.组织行为学[M].北京：清华大学出版社，2019.

[2] 斯蒂芬·罗宾斯，蒂莫西·贾奇.组织行为学[M].16版.孙健敏，王震，李原，译.北京：中国人民大学出版社，2016.

[3] 张岩松，王艳洁.组织行为学：理论·案例·实训[M].北京：清华大学出版社，2016.